安東金氏
司果公派要覽

金渭顯 編

藝文春秋館

安東金氏 司果公派要覽

2019년 1월 24일 초판 1쇄 인쇄
2019년 1월 31일 초판 1쇄 발행

엮은이 : 김위현
펴낸이 : 김정년
펴낸곳 : 예문춘추관

등록 제 15-26호 (1988. 3. 24)
주소 / 서울 관악구
보라매로5가길 7, 1310호
전화 / (02) 887-5423
FAX / (02) 888-5423
등록 제15-26호(1988. 3. 24)
ISBN 978-89-85090-10-0 03990

값 14,000원

一. 서언(緖言)

서언(緖言)

나라에는 국사(國史)가 있고, 군읍(郡邑)에는 읍지(邑誌)가 있으며, 종족(宗族)에는 족보(族譜), 개개인에게는 연보(年譜)가 있다.

우리 안동김씨족보는 1719년(乙未年)에 창간보 (創刊譜)가 나오고 이어서 대략 30년을 주기로 계속 출간해오다가 2015년(乙未年)에 제 9간을 간행하게 되었다.

간행에 있어서 가장 안타까운 점은 시조 태사공(太師公) 이하 약 5~6대가 실전되어 그 내력을 알 수 없어서 공수부정공(公須副正公)을 1세로 삼고 있음이다.

우리 사과공파(司果公派)는 모든 기록이 종가에 남아 있었다고 하나 지금은 일실되었다. 그나마 다행스럽게도 일부 사료가 남아있어서 이 기록들을 한데 묶어둘 생각을 하였다.

그간 파내의 여러 어른들을 만나보았으나 명쾌한 답을 듣지 못하였다. 부득이 남아있는 일부 사료와 조선으로부터 전해오는 전승을 모아 기록으로 남기려 한다.

역사의 기록은 사실을 사실대로 기록하여야 한다. 사실을 알아야 미래에 대한 비전이 나온다. 그러기 위해서는 가감이 없어야 한다. 나는 이러한 역사적인 인식을 가지고 이 기록을 남긴다. 시조와 1세(世) 공수부정공부터 12세 호장공(戶長公)까지는 기록이 미비하므로 시대적 배경이나 관직을 통한 추측을 할뿐 달리 기록을 할 수 없다. 따라서 5세 파조 사과공부터 14세 주부공(主簿公 獻復)까지만 기록하고 나머지는 각 지파마다 별도로 기록하여 잇도록 하였다.

이 책을 기술함에 1959년에 편찬한 사과공파보(司果公派譜)에 실린 각종 기록들과 1959년에 간행된 수서문집(水西文集)의 많은 기록들이 큰 도움이 되었고 부조(父祖)로부터 구전된 자료 또한 매우 큰 도움이 되었다.

묘소의 위치추적과 입력은 지리(枝里) 통정공(通政公 휘 五立)의 병일(丙鎰) 주손이 하였다.

이후 새로운 사료가 발굴되면 보충하기로 하고 다소 엉성하지만 상재(上梓)할 수밖에 없었다. 오탈이나 오식이 있다면 사어(史魚)와 같은 병직(秉直)이 있으시길 바랍니다.

2018년 6월 15일

위현(渭顯) 삼가 적다.

태사묘(太師廟) 전경

태사묘(太師廟) (경상북도 기념물 제 25호) 전경
경상북도 안동시 북문동 24-1

시조(始祖) 태사공(太師公) 묘우(廟宇)

시조 태사공 묘단(墓壇)

경상북도 안동시 서후면 태장리 249번지

태장(台庄) 재사(齋舍) (경상북도 민속자료 제 26호)
경상북도 안동시 서후면 태장리 249번지

태장재사정문 이상루(履霜樓)

조녕각(肇寧閣): 始祖 神道碑閣)

사과공(司果公) 이하 상대 단소·묘(墓)

5세 사과공(司果公 휘 烈) 제단
경상북도 안동시 옥동(玉洞) 산 1042-9
N.36.530130 E.128.956214

5세 사과공 휘 열(司果公 諱 烈) 단소(壇所)

6세 부사과 휘 호(副司果 諱 好) 단소(壇所)

7세 예빈시주부 휘 부(禮賓寺主簿 諱 富) 단소(壇所)

8세 전설사별제 휘 강(典設司別提 諱 杠) 단소(壇所)

9세 장흥고주부 휘 간(長興庫主簿 諱 澗) 단소(壇所)

10세 훈련원참군 휘 득지(訓鍊院參軍 諱 得止) 단소(壇所)

11세 증중직대부 휘 식(贈中直大夫 諱 湜) 단소(壇所)

안동시내 작현(鵲峴)
N.36.530130 E.128.956214

12세 처사공(處士公) 휘 사준(士俊) 묘소

안동시내 작현(鵲峴)
N.36.567143　E.128.690034

13세 통정대부(通政大夫) 휘 수강(守綱) 묘소

안동시내 작현(鵲峴)
N.36.481754　E.128.969874

14세 훈련원주부(訓鍊院主簿) 휘 헌복(獻復) 묘소

안동시내 작현(鵲峴)
N.36.566997 E.128.690017

주요 유적지

봉사공(奉事公 휘 得聲)의 한 서린 쌍령(雙嶺)

위 멀리 보이는 산 가운데가 남한산성(南漢山城)
아래 대쌍령(大雙嶺) 동편 국수봉(國守峯)에 병자
호란때 쌍령전(雙嶺戰) 개요가 기록되어 있다.

대쌍령(大雙嶺) 경기도 광주군

앞쪽 낮은 고개가 소쌍령(小雙嶺)

대소쌍령(大小雙嶺) 사이 4Km 내외의 평지에 안동근왕병(安東勤王兵) 등의 병영(兵營)이 있었는데 청나라 기병(騎兵) 3~4백 명의 기습으로 수만 명이 전사한 전쟁터였다.

주요 사료(史料)

사과공파 세보

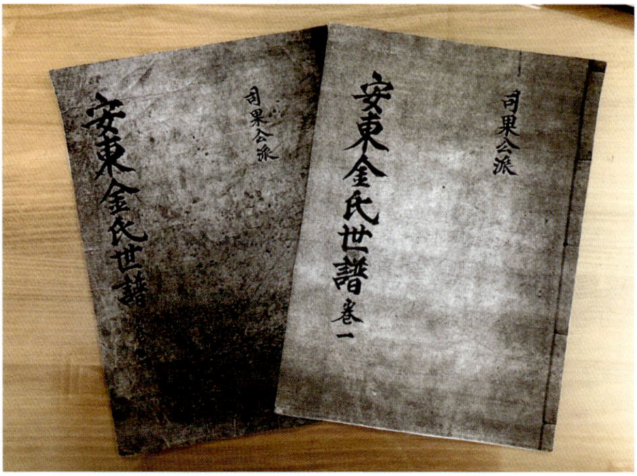

수서문집(水西文集)

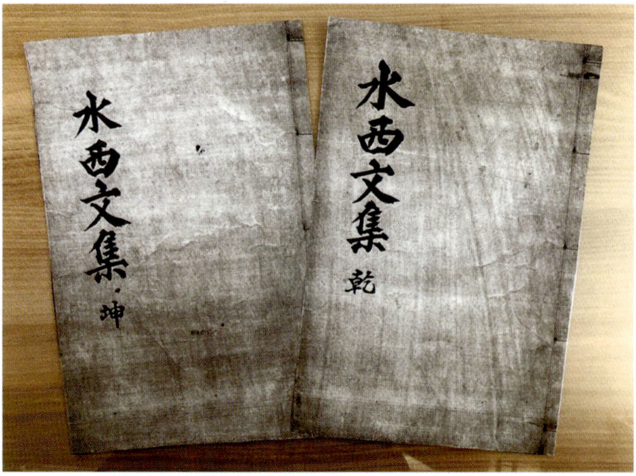

안동김씨사과공파 요람
(安東金氏司果公派 要覽)
목차(目次)

六. 과거(科擧)와 사환(仕宦)

1. 과거급제(科擧及第)

무과(武科) 급제자(及第者)

사마시(司馬試) 입격자(入格者))

생원(生員)

진사(進士)

2. 사환(仕宦)

1) 행직(行職)

동지중추부사(同知中樞府事)

첨지중추부사(僉知中樞府事)

도정(都正)

부호군(副護軍)

도사(都事)

주부(主簿)

봉사(奉事)

참봉(參奉)

협판(協辦)

중추원의관(中樞院議官)

2) 관계(官階) 수직(受職)

가선대부(嘉善大夫)

통정대부(通政大夫)

부록(附錄) 二

1. 안동향손사적(安東鄕孫事蹟)
2. 청기지(靑己誌)
3. 청송군지(靑松郡誌)
4. 청송군사(靑松郡史)

부록(附錄) 三

1. 주부공(主簿公)과 수월암(水月庵) 동거록(同居錄)
2. 승(僧) 도기상인(道器上人)
3. 수서문집(水西文集)을 통해본 수서옹(水西翁)의 교유인사

부록(附錄) 四

1. 안동김씨세보(사과공파:1719 창시보, 기해보)
2. 안동김씨세보(사과공파:1790 경술보)

二. 시조(始祖) 태사공(太師公) 유사(遺事)와 사승(史乘)

二. 시조(始祖) 태사공(太師公) 유사(遺事)와 사승(史乘)

1. 태사공 (太師公) 유사(遺事)

시조(始祖) 태사공(太師公) 휘 선평(宣平)이시다. 신라 효공왕(孝恭王) 신유(901)년 흥덕궁(興德宮)에서 효공왕(孝恭王)의 왕자로 태어나셨다. 공(公)은 봉안용수(鳳眼龍鬚)와 성정호위(星精虎威)의 기상을 지니고 태어나셨다. 경애왕 (景哀王) 3년(926) 26세에 고창성주(古昌城主)가 되셨다. 경순왕(敬順王) 기축(929)년 후백제(後百濟) 견훤(甄萱)이 고창군을 포위하자 성주(城主)로서 군병(郡兵)을 크게 일으켜 고려(高麗) 태조(太祖)를 도와 병산(甁山)에서 견훤군을 크게 격파하였다. 고려 태조는 그 훈공(勳功)을 높이 여기어 삼한벽상삼중대광아부공신태사(三韓壁上三重大匡亞父功臣太師)로 삼았다. 돌아가신 후에 군민(郡民)이 공(公)의 대덕(大德)을 생각하여 부사(府司)에 사당을 세우고 위패(位牌)를 모시고 제사를 올렸다. 퇴계(退溪) 이황(李滉)이 삼공신묘증수기(三功臣廟增修記)를 썼고 묘정비(廟庭碑)는 후손 판서(判書) 희순(羲淳)이 본도 관찰사(觀察使)로 재임 시에 짓고 썼다. 묘소(墓所)는 부(府) 서쪽 삼십(三十)리 지점인 서후면(西後面) 천등산(天燈山) 왼쪽 산기슭 태장리(台庄里)에 있으며 자좌(子坐) 오향(午向)이다. 후에 실전(失傳)하였다가 숙종 병인(1686)년에 묘소를 찾아서 숙종 을해(1695)년에 단(壇)을 쌓고 제사를 지냈다. 후손 대제학(大提學) 창협(昌協)이 묘단기(墓壇記)를 썼다. 신도비(神道碑)는 후손 비서승(秘書丞) 영한(甯漢)이 지었고 후손 동돈녕(同敦寧) 용진(容鎭)이 쓰고 후손 판서(判書) 종한(宗漢)이 전(篆)하였다 10월 상순(上旬)을 회전일(會典日)로 하였다.

2. 태사공(太師公)에 대한 사승(史乘)

1) 병산대첩(甁山大捷)과 태사공

(1) 경과

庚寅十三年春正月丙戌. 王自將軍古昌郡甁山, 甄萱軍石山相去五百步許, 遂與戰至暮, 萱敗走, 獲侍郎金渥, 死者八千餘人. 是日, 古昌郡奏; 萱遣將, 攻陷順州, 掠人戶而去. (高麗史 卷1, 太祖13年 丙戌條)

태조 13년 정월 병술일에 왕이 친히 군사를 거느리고 고창군(古昌郡) 병산(甁山)에 진(陣)을 치고 견훤(甄萱)은 석산(石山)에 진(陣)을 치니 상거(相去)하기 500보(步) 가량이었다. 드디어 싸워서 저녁에 이르러 견훤(甄萱)이 패주(敗走)하니 시랑 김악(金渥)을 사로잡고 죽은 자(者)가

8,000여명이었다. 이 날에 고창군이 주(奏)하기를 「견훤이 장수를 보내어 순주(順州)를 함락시키고 인호(人戶)를 약탈(掠奪)하여 갔습니다.」고 하였다.

十二月, 甄萱, 圍古昌郡, 王往救之, 次禮安鎭, 與諸將議曰: 戰而不利, 將如之何? 大相公萱, 洪儒曰: 如我不利, 宜從間道, 不可從竹嶺而去. 庾黔弼 曰: 臣聞兵凶戰危, 有死之心, 無生之計, 然後可以決勝, 今臨敵不戰, 先慮折北何也? 若不急救, 以古昌三千餘衆, 拱手與敵, 豈不痛哉? 臣願進軍急擊. 王從之. 黔弼, 乃自猪首峰, 奮戰大克, 王入其郡, 謂黔弼曰, 今日之事, 卿之力也. (高麗史節要 卷1, 太祖神聖大王12年 10月條)

12월에 견훤이 고창군(古昌郡 경북안동)을 포위하였으므로 왕이 가서 이를 구원하려 예안진(禮安鎭)에 이르러 여러 장수와 의논하기를, "싸우다가 이기지 못하면 장차 어떻게 하겠는가"하고 물으니, 대상(大相) 공훤(公萱)과 홍유(洪儒)가 아뢰기를, "만약 우리가 불리하면 마땅히 샛길로 갈 것이요, 죽령(竹嶺)으로 갈 수는 없습니다." 하였다. 유금필(庾黔弼)은 아뢰기를, "신(臣)이 듣자옵건대, 군사는 흉한 것이요, 전쟁은 위태로운 일이라 하니, 죽을 마음만 가지고 살려는 계책이 없어야만 최후의 승리를 얻을 수 있는 것인데, 지금 적군 앞에 나아가 싸워보지도 않고 먼저 패배할 것을 염려함은 무슨 까닭입니까. 만약 급히 구원하지 않으면 고창군의 3천여 명을 그냥 적에게 주는 것이니 어찌 원통하지 않습니까. 신은 진군하여 급히 공격하기를 원합니다."하니, 왕이 그 말에 따랐다. 금필이 이에 저수봉(猪首峰)으로부터 힘껏 싸워서 크게 이겼다. 왕이 그 고을에 들어가서 금필에게 이르기를 "오늘의 일은 경(卿)의 힘이다."라고 하였다.

「王自將, 軍於古昌郡甁山, 甄萱軍於石山, 相去五百步許, 遂與戰, 萱敗走, 獲侍郎金渥, 死者八千餘人. 古昌郡奏: 「萱遣將, 攻陷順州, 掠人戶而去,」(高麗史節要 卷1, 太祖神聖大王13年正月條)

친히 군사를 거느리고 고창군(古昌郡)의 병산(甁山)에 진을 치고, 견훤은 석산(石山)에 진을 치니, 서로의 거리가 5백 보(步) 가량이었다. 드디어 서로 싸워서 견훤이 패하여 달아났다. 시랑(侍郎) 김악(金渥)을 사로잡았으며, 죽은 자가 8천여 명이었다. 고창군에서 아뢰기를, "견훤이 장수를 보내어 순주(順州)를 쳐서 함락하고 인호(人戶)를 약탈하여 갔습니다."고 하였다.

(2) 전공(戰功) 및 영향(影響)

庚寅. 以古昌郡城主金宣平爲大匡, 權幸、張吉爲大相. 於是, 永安、河曲、直明、松生等三十餘郡縣相次來降. 二月乙未. 遣使新羅告古昌之捷, 羅王遣使報聘, 致書請相見. 是時, 新羅以東沿海州郡部落皆來降, 自溟州至興禮府, 惣百十餘城.(高麗史 卷1, 太祖13年 正月 庚寅 및 二月乙未條)

경인(庚寅)에 고창군(古昌郡) 성주(城主) 김선평(金宣平)을 대광(大匡)으로 삼고 권행(權幸)과 장길(張吉)을 대상(大相)으로 삼았다. 이에 영안(永安:永川), 하곡(河曲:河陽), 직명(直明:慶北安東), 송생(松生:慶北靑松郡) 等 30여 군현(郡縣)이 차례로 내항(來降)하였다. 2월 을미(乙未)에 신라에 사신을 보내어 고창(古昌)의 승첩(勝捷)을 고하니 신라왕이 사신을 보내어 답례(答禮)하고 글월을 전(傳)하여 서로 만나기를 청하였다. 이때 신라 동쪽 연해주군(沿海州郡) 부락(部落)이 모두 와서 항복하니 명주(溟州)로부터 흥례부(興禮府:安東)에 이르기까지 모두 110여 성(城)이 되었다.

王卽往順州, 修其城, 罪將軍元奉, 復降爲下枝縣. 以古昌城主金宣平爲大匡, 權幸、張吉爲大相, 陞其郡爲安東府. 於是, 永安、河曲、直明、松生等三十餘郡縣相次來降. 二月. 遣使新羅告捷, 新羅王遣使報聘, 致書請相見. 時新羅國以東州郡部落皆來降, 自溟州至興禮府, 摠百十餘城. (高麗史節要 卷1, 太祖神聖大王13年正月 二月條)

고창성주(古昌城主) 김선평(金宣平)을 대광(大匡)으로 삼고, 권행(權幸)과 장길(張吉)을 대상(大相)으로 삼으며, 그 고을을 승격시켜 안동부(安東府)라 하였다. 이에 영안(永安:永川)·하곡(河曲:河陽)·직명(直明:안동)·송생(松生:青松郡)등 30여 군(郡)·현(縣)이 차례로 와서 항복하였다. 2월에 사신을 신라에 보내어 고창 싸움에서 이긴 것을 알리니, 신라왕이 사신을 보내어 답례하고, 글을 보내어 서로 만나기를 청하였다. 이 때 신라의 동쪽 주(州)·군(郡) 부락(部落)이 다 와서 항복하니 명주(溟州)로부터 흥례부(興禮府:안동)에 이르기까지 110여 성(城)이었다.

太祖與甄萱戰古昌郡瓶山之下大捷. 殺虜甚衆. 其永安、河曲、直明、松生等三十餘郡縣相次降於太祖. 二月. 太祖遣使告捷. 王報聘兼請相會. 秋九月. 國東沿海州郡部落. 盡降於太祖. (三國史記 卷12 新羅本紀 第12, 敬順王4年條)

태조는 견훤과 고창군 병산기슭에서 전쟁을 하여 크게 이겼다. 죽이고 포로로 잡은 것이 매우 많았다. 영안, 하곡,

직명, 송생 등 30여 군현이 차례로 태조에게 항복해왔다. 2월 태조가 사신을 보내어 크게 이긴 승전보를 경순왕에게 알렸다. 경순왕이 사신을 보내 빙례를 닦으면서 서로 만나기를 청하였다. 9월 나라의 동쪽 연해주군 부락이 모두 태조에게 항복하였다.

萱大擧兵, 次古昌郡甁山之下, 與太祖戰不克死者八千餘人. 翌日. 萱聚殘兵襲破順州城, 將軍元逢, 不能禦, 棄城夜遁, 萱虜百姓, 移入全州. (三國史記 卷50. 列傳 第10 甄萱傳)

견훤은 군사를 거느리고 고창군 병산 아래로 가서 고려 태조와 싸워서 이기지 못하였다. 전사자가 팔천여 명이나 되었다. 다음날 견훤이 패잔병을 수습하여 순주성을 습격하였다. 장군 원봉이 방어할 수 없어서 성을 버리고 야간도주하였다. 견훤이 백성들을 사로잡아서 전주성으로 돌아갔다.

安東本新羅古陁耶郡, 景德王改古昌郡. 高麗太祖與後百濟王甄萱戰於郡地敗之. 郡人金宣平權幸張吉佐太祖, 有功拜宣平爲大匡幸吉爲大相, 因陞郡爲府而改今名. (東國輿地勝覽)

안동은 본래 신라의 고타야군(古陁耶郡)인데 경덕왕(景德王)이 고창군(古昌郡)으로 고치었다. 고려 태조가 후백

제왕(後百濟王) 견훤(甄萱)과 군지(郡地)에서 싸워 견훤이 패(敗)함에 군인(郡人) 김선평(金宣平), 권행(權幸), 장길(張吉)이 태조를 도운 공이 있으므로 선평(宣平)은 대광(大匡)을 배(拜)하고 행(幸)과 길(吉)은 대상(大相)을 배(拜)하였으며 인하여 군(郡)을 부(府)로 승격(陞格)하고 지금의 이름으로 고치었다.

新羅敬順王三年冬十二月. 甄萱圍古昌郡, 高麗王往救之. 四年春正月. 麗王自將軍於古昌郡甁山(在郡北十里俗名佳水川). 甄萱軍於石山, 遂與戰萱敗走, 死者八千餘人. 以古昌城主金宣平爲大匡.權幸張吉爲大相, 陞其郡爲安東府(東國通鑑. 高麗史, 東史纂要略同). 按敬順王四年庚寅, 卽後唐明宗長興元年. 去皇明崇禎甲申後今三庚戌八百六十一年.

신라(新羅) 경순왕(敬順王) 3년(929) 겨울 12월에 견훤(甄萱)이 고창군(古昌郡)을 포위함에 고려왕(高麗王)이 가서 돕고 4년 봄 정월에 려왕(麗王)이 스스로 군병(軍兵)을 고창군(古昌郡) 병산(甁山)(군북십리(郡北十里)에 있으니 속명(俗名)은 가수천(佳水川)이다.)에 진을 치고 견훤(甄萱)은 석산(石山)에 진(陣)을 치고 싸우다가 훤(萱)이 패주(敗走)하니 죽은 자만 8,000여 명이다. 고창성주(古昌城主) 김선평(金宣平)을 대광(大匡)으로 삼고. 권행(權幸)과 장길

(張吉)을 대상(大相)으로 삼으며 그 군(郡)을 안동부(安東府)로 승격(陞格)시키다.(이상은 동국통감(東國通鑑)에 있다. 고려사(高麗史)와 동사요략(東史要略)에도 같다.)

상고하건대 경순왕(敬順王)4년 경인(庚寅: 930)은 곧 후당(後唐) 명종(明宗) 장흥(長興) 원년(930)이니 황명숭정(皇明崇禎) 갑신후(甲申後) 경술(庚戌: 790) 에서 861년이 된다.

高麗太祖統合三韓翊贊壁上功臣二等第二人金宣平(高麗功臣錄, 又見文化柳氏譜, 凡二十人, 多不能盡錄.)

고려태조통합삼한익찬벽상공신 2등 제2인 김선평(위(上)는 고려공신록(高麗功臣錄)이다. 또 문화류씨보(文化柳氏譜)에는 모두 20인이라 하였으나 많아서 다 적지 못한다.)

高麗太祖, 以金宣平爲亞父功臣, 權幸張吉爲功臣, 皆圖畵功臣堂壁上.(安東府名賢錄)

고려 태조는 김선평(金宣平)을 아부공신(亞父功臣)으로 삼고 권행(權幸)과 장길(張吉)을 공신으로 삼으며 모두 공신당벽상(功臣堂壁上)에 화상을 그렸다.

2) 태사공(휘 宣平) 유사(遺事) 고이(考異)

오래전부터 시조 태사공의 사적에 대하여 많은 논의가 있었다. 이것은 관찬사료와 사찬사료가 달리 전해오기 때문이다.

《고려사》권1 태조13년(庚寅) 정월 경인조에"以古昌郡城主金宣平爲大匡, 權幸·張吉爲大相."

(고창군 성주 김선평을 대광, 권행·장길을 대상으로 삼았다.)라는 기사와 《고려사절요》권1 태조 신성대왕 13년 정월조에 "以古昌城主金宣平爲大匡, 權幸·張吉爲大相, 陞其郡爲安東府."(고창성주 김선평을 대광(정이품)으로 삼고 권행, 장길을 대상(정사품)으로 삼았으며, 그 군을 안동부로 승격시켰다.) 라는 기사가 우리나라 관찬사료에 나오는 유일한 내용이다.

사찬사료로는 세종 연간 출생하신 어담공(漁潭公 휘 三益)의 여서(사위) 정급(鄭伋 東萊人 參奉)공의 후손 정씨집(枝谷居住)에서 나왔다는 사료를 소산(素山)의 적근(廸根)공이 보관하고 있었는데 이는 어담공의 수기(手記)라 한다. 이 내용에는 시조이하 4대의 기사가 실려 있는데 이 기사가 "증빙할만한 것이 못 된다 하여 없애지 못할 것이 분명하다."(1982년 壬戌譜 首卷 附存疑一則 佚系古蹟謄記後識에서)고 하였다. 그 가운데 시조 태사공 관계 기사만 보면 다음과 같다.

始祖 諱 宣平

"唐昭宗天福元年辛酉, 生于新羅興德宮. 鳳眼龍鬚, 星精虎威. 年至三十六, 以古昌郡城主, 大起郡兵佐高麗太祖, 破甄萱于甁山(卽後晉高祖天福元年丙申也) 後麗祖合豊山一直乃城等三縣, 升爲安東大都護府, 以其勳功超遷官, 職位至三韓壁上功臣輔國大匡光祿大夫太師亞父, 邑人思其德而立祠, 以享之. 卒年未詳葬于府西台庄里子坐, 生二子, 長曰璣, 次曰玹, 寶文閣學士太學署丞."

당 소종 천복원년(辛酉 901년:新羅 孝恭王 5년) 신라 흥덕궁에서 태어나시니 봉의 눈과 용의 수염, 별의 정기와 호랑이의 위엄을 갖추셨다. 36세(936년 신라 망국 후 1년)에 고창(古昌:안동의 그 당시 군명) 성주로 군병을 일으켜 고려 태조를 도와 견훤(甄萱)을 병산에서 크게 격파하였다.(곧 후진 고조 천복원년 병신이다.) 뒤에 고려기 풍산, 일직, 내성 등 3현을 합하여 군을 승격시켜 안동대도호부로 하고 그 훈공으로 관직을 초천하여 관위가 삼한벽상공신 보국대광 광록대부 태사 아부에 이르고 읍인이 그 덕을 사모하여 사묘를 세우고 향사하였다. 돌아가신 해는 미상이고 부의 서쪽 태장리 자좌에 장사지냈다. 두 아들을 두었으니 맏아들은 기(璣)요, 둘째 아들은 현(玹)이니 보문각학사 태학서승이라 하였다.

그럼 위의 사료는 어떻게 평가할 수 있었겠는가?

첫째, 연대 문제이다. 천복원년(신유년 901년)은 곧 신라 효공왕 5년이다. 이 출생년은 문제가 없다. 그러나 "36세에 성주로서 군병을 일으켜 고려 태조를 도와 병산에서 견훤군을 물리쳤다"는 사실은 맞지 않는다. 공의 연세가 36세라면 936년이 되는 해인데, 이 해는 이미 신라가 망한 후 1년이 된다. 그러나 또 다른 사료에는 26세라 하였다. 공의 연세가 26세(926년)라면 곧 신라 경애왕 3년이요 고려 태조 9년이 된다.(金章煥《安東金氏歷代要覽》〈派系年代表〉에는 26세에 고창성주가 되었다고 하였다). 따라서 김장환공의 기록처럼 26세에 성주가 되셨다면 부임 4년 후 30세 때인 고려 태조 13년(경순왕 4년 930년)에 병산전투에 참가하여 견훤을 물리쳤다는 기사에 부합된다.

둘째, 효공왕의 왕자로 추정하는 이유는 효공왕 5년(901년)에 신라의 궁에서 태어났다면 왕자 외에 궁에서 태어날 수 없다는 점과 김씨 성은 절대 왕족 외에는 득성할 수 없다는 점이다.

셋째, 관직 및 지명에 오류가 있다. 대광보국광록대부는 고려 때의 관직이 아니고 조선시대의 관직이다. 당시의 논공으로는 대광(大匡:正二品上)으로 적었어야 했고 후에 수직한 공신호와 관위로는 벽상삼한익찬공신(壁上三韓翊贊功臣) 삼중대광(三重大匡) 태사(太師)로 적었어야 했다. 또 안동대도호부는 당년이 아니고 당시에는 안동부이였다가 (고려사절요) 나중에 안동대도호부로 승격되었다. 〈新增 東國輿地勝覽〉

위의 관찬과 사찬 사료를 보았을 때 관찬사료인《고려사》와 《고려사절요》의 내용이 공신력이 있다하여 시조에 대한 기록을 그대로 옮겨왔다. 그러나 정급(鄭伋) 후손 정씨가에서 나온 사찬사료가 현회(玄晦)하다 하여 취사(取史)치 않았거나 수보 후에 나와서 취사하지 않았다고 한다. 그러나 세종 연간에 어담공의 수기라면 이런 오류가 나올 수 있다고 생각된다.

첫째는 사료, 천세력, 연표 등이 잘 갖추어져 있지 않는 시기에 충분히 기사의 오류가 나올 수 있다.

둘째는 만약에 일부러 위작을 했다면 앞뒤 문장을 완벽하게 맞추었을 것이다. 그러나 이 사료는 수미가 상응되지 않음이 단점이자 장점이다.

결론적으로 태사공의 탄신년과 고창성주로 부임, 그리고 병산대첩의 연대는 부합된다. 이에 태사공이 탄신하신 해를 효공왕 5년(901년)으로 하여 금년(2018)이 시조 탄신 1,119주년이 된다.

이 사실은 이미 오래전에 받아들여져서 다음과 같은 저서에 기록되었다.

金章煥 〈安東金氏歷代要覽〉 〈派系年代表〉, 1924년 宋志香, 〈安東鄕土誌〉, (大星文化社, 1983) 金常圭, 〈先祖 얼 教育 講座〉, (安東金氏花樹會, 1998)

위의 도서 외에도 단편적으로 취사한 글들이 많이 있는 것으로 알고 있다.

3. 태사묘단기(太師墓壇記)

시조(始祖) 태사김공(太師金公)의 휘(諱)는 선평(宣平)이니 신라말(新羅末)에 고창성주(古昌城主)가 되었다. 고려(高麗) 태조(太祖)가 견훤(甄萱)을 토벌(討伐)함에 공(公)이 권행(權幸) 장길(張吉)과 더불어 군(郡)으로서 귀부(歸附)하니 태조(太祖)가 얻어 드디어 병산(甁山)의 승첩(勝捷)이 있고 이로 말미암아 의성(義聲)을 더욱 떨쳤으며 마침내 견훤(甄萱)을 멸(滅)하게 됨은 공(公) 등(等) 3인의 힘이다. 공(公)을 봉(封)함에 으뜸으로 공(公)을 대광(大匡)에 배(拜)하고 권행(權幸)과 장길(張吉)을 대상(大相)으로 삼으며 모두 삼한벽상공신(三韓壁上功臣)의 호(號)를 주고 태사(太師)의 벼슬을 시키며 고창(古昌)을 안동부(安東府)로 승격(陞格)하였다. 공(公)이 이미 졸(卒)함에 안동(安東)의 백성(百姓)이 그 공덕(功德)을 생각하여 부사(府司)

에 묘(廟)를 세우고 권(權) 장(張) 2공(公)과 함께 향사(享祀)하여 지금껏 이어온 사실(事實)은 퇴계(退溪) 이문순공(李文純公)이 지은 기문(記文)에 갖추어 있다. 대체 공(公)이 고창(古昌)을 지킬 때에 신라(新羅)의 국운(國運)이 기울고 역훤(逆萱)이 군부(君父)를 장학(戕虐)함에 의(義)에 있어 반드시 보복(報復)하여야 될 것이나 공(公)이 고독(孤獨)하게 한 조그만 성(城)으로 흉봉(凶鋒)의 충돌(衝突)을 당(當)하게 됨으로 능(能)히 자립(自立)하여 일을 할 수 없으니 의사(意思)를 결정(決定)하고 고려(高麗)와 합세(合勢)하여 함께 수적(讎敵)을 멸(滅)하고 스스로 그 의(義)를 폄은 거의 장사도(張司徒:張良)가 한(漢)을 도와 진초(秦楚)를 멸(滅)하고 한(韓)의 원수를 갚음과 같으니 그 유풍(遺風)이 미치는 바에 백성(百姓)이 의(義)에 용감(勇敢)해져 야별초(夜別抄) 및 홍건적(紅巾賊)의 난(亂)에 모두 능히 사력(死力)을 내어 군상(君上)을 호위(護衛)하고 드디어 미속(美俗)을 이루니 이 더욱 공(公)이 한 지방(地方)에 덕(德)을 끼쳐 백세(百世)에 묘식(廟食)함에 당연(當然)한 것이다. 다만 공(公)의 묘택(墓宅)이 오래되어 그 곳을 잃었으나 승람(勝覽)에 부처(府西) 고태장리(古台庄里)에 있다 기록(記錄)되었으므로 증조(曾祖) 문정공부군(文正公府君)이 일찍이 여러 종인(宗人)을 거느리고 두루 다니며 찾고 글을 지어 천등산(天燈山)에 빌기까지 하였으나 마침내 얻지 못하였다. 부서(府西) 십여리(十餘里)에 태장봉(台庄峰)이 있으니 곧 천등산(天燈山)의 좌록(左麓)이다. 그 아래 당동(堂洞)이 있는데 촌인(村人) 초부엽사들이 모두 태사묘동(太師墓洞)이라 함으로 숭정병인(崇禎丙寅:1686)에 종인(宗人) 김인(金演) 등(等)이 그 이름을 가지고 그곳에 가서 찾음에 신성(申姓)이 누세(累世)를 장사(葬事)지내고 그 가운데 한 무덤 뒤 10여보(餘步)에 고총(古塚)같은 것이 있어 평평하게 되었으나 계체(堦砌)가 둘려있고 윤곽(輪廓)을 분별할만 하니 대체 큰 무덤 같고 그 형국(形局)과 안대(案對)가 또 고적(古蹟) 및 향부로(鄕父老)의 기록(記錄)한 바와 여덟아홉은 맞으며 또 듣건대 신성(申姓)이 장사할 때 두 고총(古塚)을 다른 곳에 묻고 체하(砌下)에서 또 지석(誌石) 같은 것이 나와 감추었다 하니 더욱 의심스럽다. 이에 여러 종인(宗人)이 그 일을 관(官)에 송(訟)함에 관(官)에서 체문(逮問)하고 그 발총(發塚)하던 상황을 알아 곧 파버렸으나 돌은 마침내 찾지 못하여 증빙하지 못하고 관(官)에서도 또한 그 일을 을락하지 않아 그만 두고 말았다. 어떻게 할 수 없어 의논하기를 우리 태사(太師)께서 공업(功業)이 나려(羅麗)의 즈음에 있으시어 이름은 역사(歷史)에 드러나고 공덕(功德)은 향방(鄕邦)에 베풀어졌으므로 자손(子孫)이 음덕(陰德)을 받아 번성하나 묘소(墓所) 있는 곳을 몰라 여러 백년(百年)을 지나도록 향사(享祀)도 못하고 지금 다행히 진조(眞兆)를 얻을 뻔 하였으나 간인(奸人)이 도점(盜占)하여 영역(塋域)을 훼상(毁傷)하고 비판(碑版)이 혼멸(混滅)하여 마침내 그 사실을 증빙하지 못한 체 봉축(封築)하니 통심질수(通心疾首)하여 어떻게 추원(追遠)하는 효사(孝思)를 위로할 것인가? 옛날 제사에 무덤을 바라보고 단(壇)을 만든 일이 있으니 지금 만약 본떠서 만들어 후세의 사람으로 하여 그 체백(體魄)이 계신 곳을 짐작하고 밭 갈거나 나무하지 못하게 하면 예(禮)에 혹 맞을 것이라 하니 모두 그렇다 하고 드디어 모년(某年) 모월(某月) 모갑자(某甲子)에 동중(洞中)에 터를 닦고 단(壇)을 만들어 제사지내니 종인(宗人)이 모두 모이고 이로부터 춘추(春秋)로 향사(享祀)함에 상총의(上塚義)와 같이 하고 영구(永久)히 준행(遵行)할 것을 기약하며 또 단측(壇側)에 입비(立碑)하고 그 일을 새기어 후세에 깊이 전할 것을 꾀함에 백부(伯父)께서 창협(昌協)에게 그 본말(本末)을 갖추어 적어 입언자(立言者)의 채록(採錄)에 대비(對備)하라 명(命)하시기에 삼가 이와 같이 쓴다. 후손(後孫) 창협(昌協)을 기(記)하다.

숭정을해(崇禎 乙亥:1635) 10월에 단(壇)을 삼고총본처(三古塚本處) 위 수보(數步)되는 곳에 모으고 인하여 십월상순(上旬)에 회전(會奠)함에 후손(后孫) 중안(重安)과 수원(壽遠)이 그 일을 주장(主張)하고 계미동(癸未冬:1703)에 유사(有司) 득추(得秋)와 정안(定安)이 성이(姓吏) 시언(時彦)과 더불어 돌을 깨고 비전면(碑前面)에 삼한벽상삼중대광아부공신태사김선평제단후손구석서(三韓壁上三重大匡亞父功臣太師金宣平祭壇後孫龜錫書)라 새기고 우방(右房)에는 숭정기원후(崇禎紀元後) 69년갑신(甲申:1704) 2월일에 세우다라 새기다. 신세윤(申世潤)이 작변(作變)한 뒤에 지석소편(誌石小片)을 얻으니 등산자(燈山子)의 삼자(三字)가 있다. 지금 설단(設壇)한 곳은 감여가(堪輿家)가 혹 해좌(亥坐)라 하고 단남(壇南)에 갈라당쌍봉(葛蘿堂雙峯)이 있어 손방(巽方)이 되다. 성승(姓僧)이 재사(齋舍)를 지키며 서(西)로 오례산(五禮山) 20리(里) 소요동(逍遙洞) 25리(里)이다. [安東金氏世譜(乙未譜 2015)에서 전재한 것이다.]

太師墓壇記

始祖太師金公諱宣平新羅末爲古昌城主麗太祖討甄萱公與權幸張吉以郡歸附太祖得之遂有瓶山之捷由是義聲益振卒以滅萱本公等三人力也策功首以公爲大匡權幸張吉爲大相俱賜號三韓壁上功臣爵太師陞古昌爲安東府公既卒安東民思其功德立廟府司與權張二太師並享至今不絕事具退溪李文純公所爲記中盖當公之守古昌也羅運既訖而逆萱戕虐君父義在必報顧公以孑然一孤城當凶鋒之衝不能自立而有爲則決策附麗共滅讎賊以自伸其義此殆與張司徒佐漢滅秦楚以報韓仇者相類而其遺風所激民勇於義如夜別抄及紅巾賊之亂皆能出死力以衛君上遂成美俗此尤公之所以爲德於一方而其於廟食百世宜矣獨公墓宅歲久失其處勝覽記其在府西古台庄里而自曾祖文正公府君嘗率諸宗人徧行尋求至爲文以禱于天燈山而竟不得爲府西十餘里有峰曰台莊即天燈山之左麓也其下地名堂洞而村人樵獵者皆稱太師墓洞云 崇禎丙寅宗人金墳等以其名尋求至其地有申姓者葬其中累世矣直一墓後十許武有若古冢而夷者堦砌外周廣輪可辨盖類大葬焉而其形局案對又多與古籍及鄉父老所記者合既十八九可徵而又聞申姓之葬也實發二古冢瘞之他所而於砌下又得埋石若誌者匿之益可疑於是諸宗人相率具其事訟之官官爲逮問果得其發塚狀即掘去之而石終不可得無以爲驗官亦不肯竟其事遂已既已無可奈何則有言曰惟我太師功在羅麗之際名顯史策德施鄉邦子姓蔭庥不爲不蕃而衣冠之葬失不知處歷幾百年灑掃莫及今幸幾得眞兆而顧爲奸人盜占塋域毀傷碑版泯滅卒無以驗其實而加封築焉痛心疾首其何以慰追遠之思唯古者之祭固有望墓而壇者今若倣而爲之使來者得以彷像其體魄所在而耕犂樵牧亦無敢闌入焉則於禮其或可咸曰然遂卜用某年某月某甲子除地爲壇於洞中既成而祭宗人咸會自是春秋享祀一如上塚儀期永久遵行而且謀立碑壇側鑱記其事以詔後之人伯父命昌協草具其本末以備立言者採錄謹書之如此云後孫昌協記

崇禎乙亥十月設壇于三古塚本處之上數步許因以十月上旬會與后孫重安壽遠主其事癸未冬有司得狀定安與姓吏時序伐石碑前刻三韓壁上三重大匡亞父功臣太師金宣平祭壇後孫龜錫右旁刻 崇禎紀元後六十九年甲申二月日立○中世澗作變後得誌石小片有燈山子三字而今設壇處瑤與家哉云亥坐壇南有葛蘿堂雙墓爲異方姓僧守齋舍自壇西距五禮山二十里道遙洞二十五里

4. 신도비명(神道碑銘) 병서(幷序)

후손(後孫) 영한(甯漢) 지음

지난 숙종(肅宗) 을해(乙亥:1695) 10월에 우리 태사부군(太師府君)의 묘단(墓壇)이 비로소 이루어지니 지금 2~30여년(餘年)에 아직껏 비(碑)가 없음은 대체 궐전(闕典)이다. 후손(後孫) 서규(瑞圭)가 단소(壇所)에 전성(展省)하고 여러 종족에게 말하기를 부군(府君)의 장(壯)하신 공적(功績)은 청사(靑史)에 기록(記錄)되어 있어 비(碑)가 없어도 가(可)히 전(傳)할 것이나 선덕(先德)을 표장(表章)하여 후인(後人)으로 하여금 일층(一層) 앙모(仰慕)하게 하여 오랜 세대(世代)에 혹시 잃음이 없게 함은 비(碑) 뿐이니 비(碑)를 어찌 아니 세우겠는가? 여러 사람이 모두 그렇다 함으로 드디어 돈을 모아 돌을 깎고 영한(甯漢)에게 글을 짓게 하니 천학(淺學)으로서 어찌 감히 승당(承當)할 수 있겠는가. 하물며 문간공(文簡公)께서 지으신 기문(記文)이 상세하고 섬실(纖悉)하여 감히 한 말도 더할 것이 없으니 이에 삼가 적어 서(序)로 하겠다. 시조(始祖) 태사(太師) 김공(金公)의 휘(諱)는 선평(宣平)이니 신라말(新羅末)에 고창성주(古昌城主)가 되었더니 고려(高麗) 태조(太祖)가 견훤(甄萱)을 토벌(討伐)함에 공(公)이 권행(權幸) 장길(張吉)과 더불어 군(郡)으로써 귀부(歸附)하니 태조(太祖)가 얻어 드디어 병산(甁山)의 대첩(大捷)이 있게 되었고 이로 말미암아 의성(義聲)을 더욱 크게 떨쳐서 마침내 견훤(甄萱)을 멸(滅)하게 되니 본래 공(公) 등(等) 3인의 힘이다. 공(公)을 봉(封)함에 으뜸으로 공(公)을 대광(大匡)으로 삼고 권행(權幸)과 장길(張吉)은 대상(大相)으로 삼으며 모두 삼한벽상공신(三韓壁上功臣)의 호(號)를 주고 태사(太師)의 벼슬을 시키며 고창(古昌)을 높혀 안동부(安東府)로 승격(陞格)하였다. 공(公)이 졸(卒)함에 안동(安東)의 백성(百姓)이 그 공덕(功德)을 사모하여 부사(府司)에 묘(廟)를 세우고 권(權)·장(張) 二태사와 함께 향사(享祀)하여 지금껏 이어오니 사실(事實)은 퇴계(退溪) 이문순공(李文純公)이 지은 기문(記文)에 실려 있다. 대체 공(公)이 고창(古昌)을 지킬 때에 신라(新羅)의 국운(國運)이 기울고 역훤(逆萱)이 군부(君父)를 장학(戕虐)함에 의(義)에 있어 반드시 보복(報復)하여야 될 것이나 공(公)이 고독(孤獨)하게 한 조그만 성(城)으로 흉봉(凶鋒)의 충돌(衝突)을 당(當)하게 됨으로 능(能)히 자립(自立)하여 일을 할 수 없어서 계책(計策)을 써서 고려(高麗)에 귀부(歸附)하여 함께 수적(讎賊)을 멸(滅)하고 스스로 그 의(義)를 폈으니 이는 거의 장사도(張司徒: 張良)가 한(漢)을 도와 진초(秦楚)를 멸(滅)하고 한(韓)의 원수를 갚음과 같으니 그 유풍(遺風)이 미치는 바에 백성(百姓)이 의(義)에 용감(勇敢)하여져서 야별초(夜別抄) 및 홍건적(紅巾賊)의 난(亂)에 모두 능(能)히 사력(死力)을 다하여 군상(君上)을 호위(護衛)하고 드디어 미속(美俗)을 이루니 이는 더욱 공(公)이 한 지방(地方)에 덕(德)을 끼쳐서 백세(百世)에 묘식(廟食)함이 당연(當然)한 것이다. 다만 공(公)의 묘택(墓宅)이 오래 되어 그 곳을 잃었으나 승람(勝覽)에 부서(府西) 고태장리(古台庄里)에 있다고 기록되었으므로 증조(曾祖) 문정공부군(文正公府君)이 일찍이 여러 종인(宗人)을 거느리고 두루 다니며 찾았고 글을 지어 천등산(天燈山)에 빌기까지 하였으나 마침내 얻지 못하였다. 부서(府西) 10여리(餘里)에 태장봉(台莊峰)이 있으니 곧 천등산(天燈山)의 좌록(左麓)이다. 그 아래 당동(堂洞)이 있는데 촌인(村人)들이 모두 태사묘동(太師墓洞)이라 일컬었다. 순정병인(崇禎丙寅)에 종인(宗人) 김인(金演) 등이 그 이름을 가지고 그 곳에 가서 찾음에 신성(申姓)이 누세(累世)를 장사(葬事)지내고 그 가운데 한 무덤 뒤 10여보(餘步)에 고충(古塚)같은 것이 있어 평평하게 되었으나 계(堦)가 둘러 있고 운곽(輪廓)을 분별할 만하니 대체 큰 무덤같고 그 형국(形局)과 안대(案對)가 또 고적(古蹟) 및 향부로(鄕父老)의 기록(記錄)한 바와 열에 여덟아홉은 맞으며 또 듣건대 신성(申姓)이 장사할 때 두 고총(古塚)을 파내어 다른 곳에 묻고 체하(砌下)에서 또 지석(誌石)같은 것이 나와 감추었다 하니 더욱 의심스럽다. 이에 여러 종인

(宗人)이 그 일을 관(官)에 송(訟)함에 관(官)에서 체문(逮問)하고 그 발총(發塚)하던 상황을 알아 곧 파버렸으나 돌은 마침내 찾지 못하여 증빙하지 못하고 관(官)에서도 또한 그 일을 끝내려 하지 않아 그만 두고 말았다. 일이 이미 어찌할 수 없이 되었으니 의논하기를 우리 태사(太師)께서 공업(功業)이 신라와 고려의 즈음에 있어 이름이 역사(歷史)에 드러나고 공덕(功德)은 향방(鄕邦)에 베풀어졌으므로 자손(子孫)이 음덕(陰德) 받아 번성하나 묘소(墓所) 있는 곳을 몰라 여러 백년(百年)을 지나도록 향사(享祀)도 못하고 지금 다행히 진조(眞兆)를 얻을뻔 하였으나 간인(奸人)이 도점(盜占)하여 영역(塋域)이 훼손(毁損)되고 비석(碑石)이 민멸(泯滅)되어 마침내 그 사실을 증빙하지 못한 채 봉축(封築)하니 마음이 아프고 머리가 어찔하여 어떻게 추원(追遠)하는 생각을 할 것인가? 옛날 제사에 무덤을 바라보고 단(壇)을 만든 일이 있으니 지금 만약 본떠서 만들어 후손으로 하여금 체백(體魄)이 계신 곳으로 생각하고 밭 갈거나 나무하지 못하게 하면 예(禮)에 혹 맞을 것이리 하니 모두 그렇다 하고 드디어 모년(某年) 모월(某月) 모일(某日) 모갑자(某甲子)를 택하여 동중(洞中)에 터를 닦고 단(壇)을 만들어 제사지내니 종인(宗人)이 모두 모이고 이로부터 춘추(春秋)로 향사(享祀)함에 상총의(上塚儀)와 같이 하고 영구(永久)히 준행(遵行)할 것을 기약하며 또 단측

(壇側)에 입비(立碑)하고 그 일을 새겨 후세에 길이 전할 것을 꾀함에 백부(伯父)께서 창협(昌協)에게 그 본말(本末)을 갖추어 적으라 명(命)하셨다 하였다. 자손(子孫)에 이르러서는 추록(追錄)하지 않을 수 없으나 부군(府君) 이하에 혹 몇 대(代)를 잃었다 하고 혹 처음부터 잃음이 없다 하니 의심 있는 것을 의심대로 전함은 신중(愼重)하는 것이다. 족보(族譜)에 기록(記錄)된 여러 파(派)가 각기 그 파조(派祖)로 일세(一世)를 삼아 지금까지 전하는 것이 혹 30여세(餘世)도 되고 혹 20여세(餘世)도 되는데 명공(名公)과 거경(巨卿)이 서로 이어 많고 충의효제(忠義孝悌)와 경술문장(經術文章)이 사람들의 귀와 눈에 번쩍이며 가지와 잎이 번성하여 한 나라 안에 가득하여 이루 다 적을 수 없으니 진실로 부군(府君)께서 몸소 이어 수고하시고 자손에게 음덕(陰德)을 끼치시어 길이 번성하게 하심이니 아 거룩하고 장하도다. 명(銘)하여 이르기를

신라(新羅)의 말기(末期)에 공(公)께서 고창(古昌)을 지키시니
국운(國運)이 기울어 적세(賊勢)가 떨치도다.
의(義)를 들어 고려(高麗)를 도우시니 무공(武功)을 세우시도다.
병산(甁山)의 대첩(大捷)으로 생령(生靈)이 편안하도다.

공(功)을 기리어 벼슬을 주니 오직 보답(報答)이로다.
천등산(天燈山) 좌록(左麓)은 체백(體魄)모신 곳이로다.
〈부사(府司)에 묘사(廟祠)하여 길이 이어 오도다.
간인(奸人)이 도점(盜占)하여 오래 묘역(墓域)을 잃었도다.
봄과 가을에 제사(祭祀)를 궐(闕)하니
많은 자손(子孫)들이 통한(痛恨)의 눈물짓도다.
뜻 모아 단(壇) 만들고 해마다 향사(享祀)하도다.
인정(人情)에 맞으니 신도(神道)도 위안되리로다.
이에 큰 돌 깎아 단(壇) 앞에 세우노니
문간공(文簡公) 지으신 글 새겨 길이 전하리로다.

神道碑銘 并序

後孫 寗漢 撰

粵在 肅宗乙亥之十月我太師府君墓壇始成今爲二百三十餘載尚無顯刻者盖闕章也後孫瑞圭
展省于壇所昌言于闔宗曰府君之豐功盛烈載諸惇史不待碑而可傳然表揭先德使後人一倍瞻視
永永來代無或忘失者惟碑爲然碑烏可已也僉曰唯遂醵金伐石俾寗漢記之藐玆淺學豈何敢冒昧
承當而况文簡公所述記文纖悉曲當不敢贊一辭者乎乃謹書而爲之序若曰始祖太師金公諱宣平
新羅末爲古昌城主麗太祖討甄萱公與權幸張吉以郡歸附太祖得之遂有甁山之捷由是義聲益振
卒以滅萱本公等三人力也策功首以公爲大匡權幸張吉爲大相俱賜號三韓壁上功臣爵太師陞古
昌爲安東府公既卒安東民思其功德立廟府司與權張二太師并享至今不絕事具退溪李文純公所
爲記中盖公之守古昌也羅運既訖而逆萱戕虐君父義在必報顧公以孑然一孤城當凶鋒之衝不能
自立而有爲則決策附麗共滅讎賊以自伸其義此殆與張司徒佐漢滅秦楚以報韓仇者相類而其遺
風所激民勇於義如夜別抄及紅巾賊之亂皆能出死力以衛君上遂成美俗此尤公之所以爲德於一
方而其於廟食百世宜矣獨公墓宅歲久失其處勝覽記其在府西古台莊里而自曾祖文正公府君嘗
率諸宗人徧行尋求至爲文以禱于天燈山而竟不得焉府西十餘里有峯曰台莊即天燈山之左麓也
其下地名堂洞而村人樵獵者皆稱太師墓洞云崇禎丙寅宗人金塤等以其名尋求至其地有申姓者
葬其中累世矣直一墓後十許武有若古塚而夷者堦砌外周廣輪可辨盖類大葬焉而其形局案對又
多與古籍及鄕父老所記者合既十八九可徵而又聞申姓之瘞也實發二古冢瘞之他所而於砌下又
得埋石若誌者匿之益可疑於是諸宗人相率具其事訟之官官爲遣問果得其發冢狀即掘去之而石
終不可得無以爲驗官亦不肯竟其事事遂已既已無可奈何則有言曰惟我太師功在羅麗之際名顯
史策德施鄕邦子姓蔭庥不爲不蕃而衣冠之瘞失不知處歷幾百年灑掃莫及今幸幾得眞兆而顧爲
奸人盜占塋域毁傷碑版泯滅卒無以驗其實而加封築焉痛心疾首其何以慰追遠之思惟古者之祭
固有望墓而壇者今若倣而爲之使來者得以彷像其體魄所在而耕犂樵牧亦無敢闌入焉則於禮其
或可咸曰然遂卜用某季某月某甲子除地爲壇於洞中既成而祭宗人咸會自是春秋享祠一如上冢
儀期永久遵行而且謀立碑壇側鑱記其事以詔後之人伯父命昌協草具其本末云至於子姓不可無
追錄而府君以下或云幾世有佚或云初未嘗佚以疑傳疑愼也載譜諸派各以其派祖爲一世傳至于
今者或三十餘世或二十餘世而名公碩輔磊落相望忠義孝弟經術文章焜燿人耳目而柯葉繁衍殆
徧一國不可殫記亶由乎府君之劬躬燾後振振無窮也猗歟盛哉銘曰 羅氏季葉公守古昌邦命杌
隉賊勢鴟張擧義佐麗揚武桓桓甁山一捷生靈莫安紀功錫爵是報是酬是尸是祝垂之千秋天燈左
麓衣屨攸藏奸盜占域久失若堂春露秋霜灑掃靡及若苗若裔痛恨涕泣僉謀築壇歲薦蘋藻允合人
情庶慰神道乃礱穹石峙于崇岡文簡善述刻眎茫茫

三. 명자강정록
(名字講定錄)

三. 명자강정록(名字講定錄)

22세(世) ○ 순(淳)
23세(世) ○ 근(根)
24세(世) ○ 병(炳)
25세(世) ○ 균(均) 後改 圭(뒤에 규(圭)로 고침)
26세(世) ○ 진(鎭)

通議于京外諸宗, 以此命名永世遵用, 以敦收族親親之誼焉. 上己亥所定.

경(京)과 그 밖의 세종(諸宗)에게 통의(通議)하여 이로써 명명(命名)하고 길이 준용(遵用)하여 수족친친(收族親親)하는 뜻을 두터이 하라.

위는 기해소정(己亥所定)이다.

27세(世) ○ 한(漢)
28세(世) ○ 동(東)
29세(世) ○ 현(顯) 一作 熏
30세(世) ○ 년(年)
31세(世) ○ 일(鎰)

鎭字下又以五行生生之序, 定五世行字, 京外諸宗以此命名, 母或參差. 以寓顧名尙厚之義焉.(舊譜基字鍾字戊寅改以年字鎰字) 上庚戌所定.

진자(鎭字) 아래에 또 오행(五行)이 생생(生生)하는 차서(次序)로써 5세의 항자(行字)를 정(定)하니 경외(京外)의 제종(諸宗)은 이로써 명명(命名)하여 어김이 없이 하고 고명상후(顧名尙厚)의 뜻을 붙이다. 구보(舊譜)의 기자(基字) 종자(鍾字)는 무인(戊寅)에 년자(年字) 일자(鎰字)로 고치다.

위는 경술소정(庚戌所定)이다.

32세(世) ○ 구(求)
33세(世) ○ 모(模)
34세(世) ○ 연(然)
35세(世) ○ 배(培)
36세(世) ○ 선(銑)

鎰字下, 又定五世行字. 京外諸宗以此命名, 以寓系世敬宗之義焉. 上戊寅所定.

일자(鎰字) 아래에 또 5세의 항자(行字)를 정(定)하니 경외(京外)의 제종(諸宗)은 이로써 명명(命名)하고 계세경종

(系世敬宗)의 뜻을 붙이다. 위는 무인소정(戊寅所定)이다.

37세(世)	○ 원(源)	42세(세)	○ 택(澤)
38세(世)	○ 영(榮)	43세(世)	○ 식(植)
39세(世)	○ 사(思)	44세(世)	○ 환(煥)
40세(世)	○ 준(埈)	45세(世)	○ 철(喆)
41세(世)	○ 선(善)	46세(世)	○ 용(鏞)

銑字下十世行字. 又以五行生生之序. 承先規議定惟我諸宗. 遵以命名, 以寓合敬同愛之義焉. 上丙寅所定.

선자(銑字) 아래의 10세(世)의 항자(行字)를 또 오행(五行)의 생생(生生)하는 차서(次序)로 선규(先規)를 받들어 의정(議定)하니 우리 제종(諸宗)은 좇아 명명(命名)하고 합경동애(合敬同愛)하는 뜻을 붙이라.

위는 병인소정(丙寅所定)이다.

四. 세계표(世系表)

四. 세계표(世系表)

1) 상세세계(上世世系)

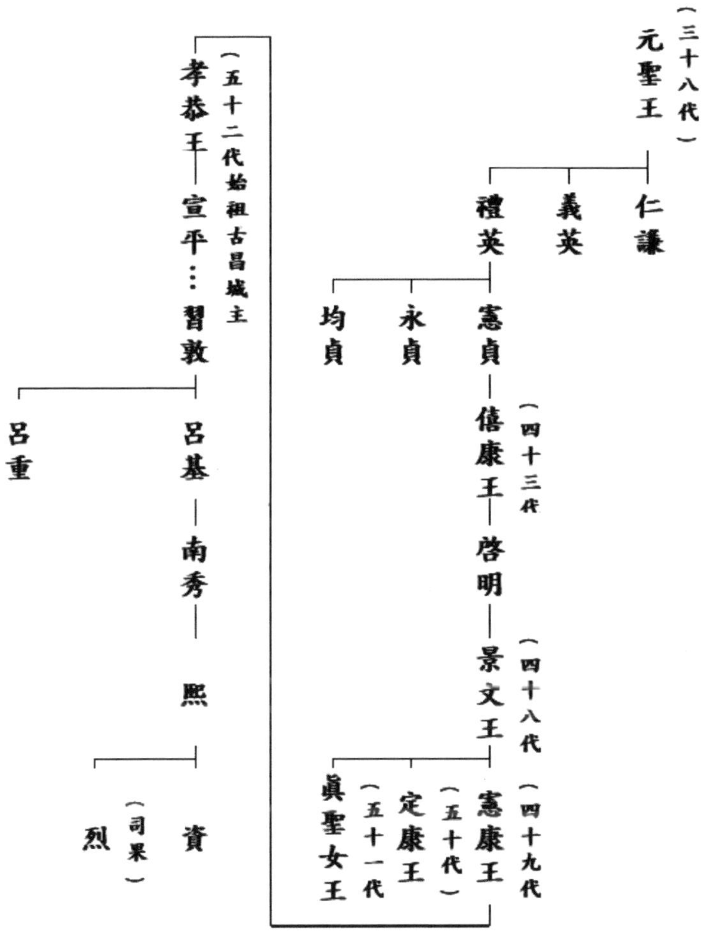

2) 하세세계(下世世系)

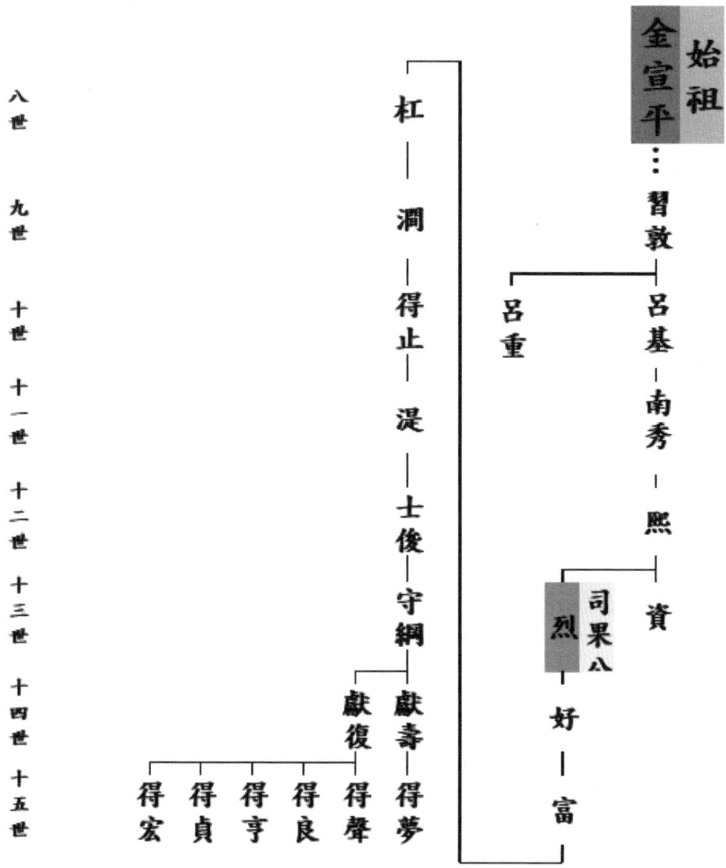
始祖
金宣平
習敦
呂基
呂重
南秀
熙
資
司果公
烈
好
富
杠
澗
得止
湜
士俊
守綱
獻壽
獻復
得夢
得聲
得良
得亨
得貞
得宏
八世
九世
十世
十一世
十二世
十三世
十四世
十五世

五. 사과공파(司果公派)의 약사(略史)

五. 사과공파(司果公派)의 약사(略史)

태사공 이후 소위 지곡(枝谷) 정씨(鄭氏)집에 나온 문서에 3대가 기록으로 남아있다고 하나 그 고증이 어렵게 기록되어 있어서 취사(取史)하지 않고 다만 존의(存疑)로 내려오고 있다. 어쨌든 안동권씨(安東權氏)들과 같은 연대에 시작되었다고 볼 때 아마도 5~6세가 일실(佚失)된 것으로 보인다.

또 고려초기부터 경반(京班)으로 진출하지 못하고 향반(鄉班)으로 호장에 머물렀던 것이다.

우리 사과공파의 기록을 살펴보면 오랜 기간 실전되었었다.

시조 태사공(太師公)께서 901년 탄생하였으나 생몰연대가 명확한 통정공(通政公 휘 守綱)부터 역산(逆算)하면 고려 충렬왕(忠烈王) 17년(1291) 까지 소급된다. 그렇다면 약 390년 13대나 휘자만 있고 생몰년 등은 알 길이 없다. 그중 선8대는 휘자만 전한다.

1719년 기해보(己亥譜. 創始譜) 때에는 상계가 이어지지 않다하여 별보에 편입되어졌다. 병인(丙寅) 5간보 때 항렬을 맞추어 원보에 편입되었으나 그 후 2~3차의 세보를 하면서 계속 상계를 잇지 못하고 내려오다가 1984년 제8간보(甲子譜)때 파내의 합의로 5세(世) 자(資)와 동항(同

行)으로 잇게 되었다.

기실 시조 태사공 이하 여러 대(代)가 실전(失傳)되었으므로 어느 파계(派系)가 원보(元譜)이고 어느 계파가 별보인지 구분 할 수 없다.

우리 파의 파조는 사과(司果) 벼슬을 하신 휘 열(烈)이시다.

행적은 자세히 알 수 없고 다만 벼슬이름과 휘자만 남아있다. 원래 사과란 벼슬이름은 조선시대에 와서 개명된 관명이므로 원래의 관명대로 부른다면 낭장(郎將)이어야 한다. 사과벼슬은 고려 말 조선초기에는 낭장(郎將 정6품)이라 불리었다. 1394년(조선 태조3) 2월에는 부사직(副司直)이라 개칭하였다가 1466년(세조12) 1월에 사고(司果)로 개칭하여 「경국대전(經國大典)」에 법제화하였다. 경국대전 당시 법제화 시킬 때에는 정원이 15명이였으나 후기로 내려오면서 오위(五衛)의 기능이 약화되면서 21명으로 늘어났다. 현직에 있지 않는 문무관(文武官)·음관(蔭官) 중에서 선발하였다. 우리 파조 사과공은 아마도 아주 초기에 선발되었던 듯 하며 낭장이 되었다가 조선시대 개칭이 되면서 사과로 적기하였던 듯하다.

사과공 다음 호(好), 그 다음 부(富), 강(杠), 간(澗), 득지(得止)까지는 휘자만 있고 기록이 없으며 그 다음 대 식(湜), 사준(士俊) 양 대는 묘지와 일부 생졸 기록만 있을 뿐이다. 우리 안동김씨세보(1790년 경술보)에 의하면 사과공 이후 7대가 모두 호장(戶長)으로 기록되어 있다. 또 묘표(墓表)에는 아주 자세히 기록되어 있다.

고려 건국초기에는 신라와 태봉(泰封)의 제도를 그대로 따랐는데 당대등(堂大等)이라 하다가 983년(성종2) 개혁을 하면서 호장이라 하였는데 향직의 최고위 직이다. 그 후 휘 수강(守綱) 할아버지 때 와서 중흥 할 수 있는 계기를 마련하셨다. 구보(舊譜)에 수강(守江)이라 한 적도 있었으나 바로 수강(守綱)으로 고쳐졌다. 1539년(中宗34년 己亥) 2월 13일 안동부(安東府) 옥리(獄里:玉里라고도 한다.)에서 태어나셨다. 수(壽) 84세를 사셔서 통정대부(通政大夫)의 품계를 받으셨다. 이후 증손자(曾孫子) 명룡(命龍)공의 기록에 의하면 이웃의 연세가 많은 노인들이 후덕(厚德)하신 어른이라고 하였다고 한다.

1592년 임진왜란 이후 여러 번 흉년이 들어서 먹을 식량이 없어서 굶어죽는 사람이 많았다. 할아버지께서는 농사를 지어서 곡식을 쌓아두고 밭 한 고랑 종 한 명도 사지 않으시고 곡식을 얻으러 오는 사람들에게 반드시 음식을 주고 식량도 주었는데 매일매일 그렇게 하시었다. 이웃에 온 집안 식구가 굶어 죽고 아이들이 거리에 나와서 울고 있는 것을 보시고 데려다 길러서 이들이 할아버지 돌아가신 후 제사를 올려 드리는 집이 여러 집 있었다고 한다.

향리의 김용궁공(金龍宮公)이 「이 사람은 음덕(陰德)이 있어서 그 후손이 틀림없이 크게 번창할 것이다.」라고 하였다. 이런 이야기는 명룡(命龍)공이 죽림(竹林) 김처사(金處士)를 만나 뵈었을 때 금계공(金溪公)에게 말하기를 "내가 우리 증조할아버지 용궁(龍宮)공에게 들었는데 '그대의 조부님은 심덕(心德)이 있어서 이 내용을 적어서 남겨 놓았는데 그 행의를 적은 종이가 지금도 집에 보관하고 있는가 하여서 내가 집에 돌아와서 찾아보았으나 찾지 못하였다 한스럽고 한스러운 일이다.' 라고 하셨다"』 1622년(광해군14 임술) 4월 4일 돌아가시니 춘추 84세였다. 만년에 고향마을에서 자손들이 벼슬길에 나가는 것을 즐거움으로 삼으셨다.

아들 헌복(獻復)은 1618(무오)에 무과 급제하였고 손자 득성(得聲)은 1680년(경신)에 무과에 급제하였는데 공이 살아계실 때 일이다.

이후 손자 득몽(得夢)이 1648년(무자)에 무과에 급제하였고 증손자 시준(時儁)이 1717년(정유)에 성균진사(成均進士)가 되었고 그 동생 우준(宇儁)이 1729년(기유)에 증광생원(增廣生員)이 되었다.

이렇게 자손이 번영함은 모두 조선의 음덕(陰德)이라 믿어 왔다. 이는 모두 공께서 부터 이웃사람들에게 물심양면으로 베풀어 왔기 때문이다.

통정공(通政公 휘 守綱)은 두 아드님을 두셨는데 맏아들 휘 헌수(獻壽)는 생졸년 등 인적사항이 불명하다 아마 일찍 서세하였을 것이다. 다만 그 아드님 봉사공 휘 득몽(得夢)부터 전해지고 있다.

둘째아들 주부공(휘 獻復) 역시 성품이 온순(溫醇)하고 사람들을 아껴서 빈궁한 사람들을 많이 구제하셨으며 그 아드님 봉사공(奉事公 휘 得聲)께서는 한 겨울 날씨가 몹시 추울 때면 콩죽을 쑤어서 감옥문 밖에 두어서 죄수들이 얼어 죽지 않도록 배려하기를 매년 그렇게 하였다고 한다. 봉사공은 나라에 공만 세운 것이 아니고 성품이 용의주도하여 가정사에 대해서도 늘 식량을 걱정하고 상사로부터 받은 상사품도 모두 여러 동생들에게 양보하는 미덕이 있었다고 한다.

주부공은 첫째·둘째 부인이 있었는데 첫째는 안동장씨로 봉사공 한 분만 낳으셨고 둘째 득량(得良), 셋째 득형(得亨), 넷째 득정(得貞), 다섯째 선공감주부(繕工監主簿) 득굉(得宏)은 둘째 안동권씨(安東權氏) 소생이다.

이 5형제분이 5파를 형성하게 되었으나 모두 자손이 많지 않고 오직 막내 주부공(휘 得宏) 만 자손이 많다.

큰 집과 둘째 집 5파의 세거지를 묘소와 인척관계 등을 보아 추측해 보면 봉사공(휘 得夢) 자손들은 대개 묘지가 임남면(臨南面)에 있으며 또 자손들이 살고 있었던 곳이 일직면(一直面) 용각(龍角)인 점을 고려하면 작현(鵲峴)일대 옥리(玉里) 중심으로 호장(戶長)으로 있다가 통정(通政 휘 守綱)공 이후에 옥리를 떠나 남쪽으로 이거한듯하다.

또 주부공(主簿公 휘 得宏) 자손들은 비교적 오랫동안 옥리에 살아 온 듯하다. 맏집 봉사공(奉事公 휘 得聲)은 10여대 가까이 묘소들이 서선(西先) 약수동(藥水洞) 일대에 있는 것으로 보아 옥리에 살았을 것으로 추측할 수 있다.

둘째 집(휘 得良)은 2~3대에 와서 손이 끊어진 것인지 일탈한 것인지 알 길이 없다.

셋째 집(휘 得亨)은 봉화(奉化)에 지역연고가 있었던 듯하다. 주로 묘소가 춘양(春陽) 미곡(味谷)쪽에 있는 것으로 보아 추측할 수 있다.

넷째 집(휘 得貞)은 옥동 부근에 살았던 것으로 보이며 다섯째 집(휘 得宏)은 비교적 늦게 옥리를 떠났다. 한 때 가세가 미약하여 무척 힘들었던 듯하다.

선공주부공 (휘 得宏)이하 3대의 묘지가 사포동(沙浦洞) 한 지역에 모셔진 것으로 보아 가세가 기울어졌던 것 같다. 그 후 맏집(휘 承立 通政)은 강정(江亭) 쪽으로 이거하였다가 다시 신석(기느리) 쪽으로 옮겨 살게 되었었다. 둘째 집(휘 五立 通政大夫)은 옥동에서 상처(喪妻)를 하시고 어려운 가세를 만회하기 위하여 지리(枝里) 해주오씨(海州吳氏) 문중의 훈장으로 초빙되어 가셨는데 조석식사와 기거가 매우 어려움을 겪게 되자 오씨 집안에서 아드님 (휘 哲遠)을 사위로 맞아들이어서 생활의 안정을 기하게 하였다. 그리고 생활의 안정뿐 아니라 많은 재산을 분재 받아서 생활의 풍족함을 누렸던 것으로 사료된다. 처사공(휘 哲遠)께서는 맏아들 임학(任學 通政大夫), 둘째 아들 임산(任山 嘉善大夫)을 두셨는데 모두 대부의 관계를 받은 것은 재력으로 국가에 공헌한 바가 컸기 때문이다.

六. 과거(科擧)와 사환(仕宦)

六. 과거(科擧)와 사환(仕宦)

1. 과거급제(科擧及第)

무과급제자(武科及第者)

▲ 헌복(獻復, 선조 신사1587~인조 갑신1644) 향년(享年) 58세

자는 명곡(鳴谷) 1618년(광해10 무오) 무과(武科)에 급제하여 관이 훈련원주부(訓鍊院主簿)에 이르렀다.

광해군의 폐모(廢母)를 보고 이런 부도덕한 임금 밑에 벼슬하는 것은 군자의 도리가 아니다하여 1633년 무주(無住) 홍호(洪鎬) 등 십여 명의 지사가 태백산 아래 소천리(召川里) 나계(蘿溪) 안상(岸上)에 수월암(水月庵)이라는 초가집을 짓고 세상을 등지고 음풍농월로 세월을 보내다가 인조반정(仁祖反正) 후에 다시 조정에 들어가서 훈련원(訓鍊院) 주부(主簿)가 되셨다.

1944년10월25일 안동시 동쪽 10리가량 되는 곳에 있는 동악(東岳)에 영각(影閣)을 짓고 1945년(을유)3월15일 제위(諸位)의 화상(畵像)을 동악으로 옮기었다. 현재는 존폐(存廢)를 알지 못한다.

묘소는 작현(鵲峴)에 있는데 배위(配位) 안동장씨(安東張氏)와 쌍분(雙墳)이다.

▲ 득성(得聲, 선조 기해1599 ~효종 경인1650) 향년(享年) 52세

字는 진원(振遠) 호는 귀암(龜巖) 경신년 (1620) 무과(武科)에 급제하여 훈련원(訓鍊院) 봉사(奉事)에 이르렀다.

갑자년(1624) 이괄(李适)의 난을 평정할 때 안현(鞍峴)에서 힘을 다하여 싸워서 원종공신(原從功臣) 제 2등에 책록되었다. 또 병자년 호란(胡亂)때에는 안동의 병력을 통솔하여 쌍령(雙嶺)에 와서 기고별장(旗鼓別將)으로 부전(赴戰)하였으나 불의에 기습을 받아 전군이 복망하는 참화를 당하였다. 공은 계속하여 앞으로 쳐들어가서 단신으로 혼신의 힘을 쏟았지만 결국 만회하지 못하고 귀가하고 말았다.

적 수 기를 쳐서 죽이고 그 말안장에 감쳐진 보주(寶珠) 한 쌍과 보검(寶劍) 한 자루(一柄)를 가져와서 종가에 보관해 왔는데 일제 때까지도 남아 있었다. 공은 충용(忠勇) 뿐만 아니라 효심 또한 남달랐으며 우애도 돈독하여 동생들에게 상사로 받은 물화를 아낌없이 나누어 주었다. 또한 어려운 이웃을 보면 측은지심이 생겨 꼭 도와주었다. 가령 추운 겨울에 죄수들이 겨울나기가 어려울 것을 생각하여 콩죽을 쑤어서 옥문밖에 놓아두기를 해마다 하였다고 한다.

묘소는 남선면(南先面) 지로동(枝老洞) (해좌)에 있다.

▲ 득몽(得夢) 父 헌수(獻壽)의 외아들이다. 무오(1618)

에 무과에 급제하여 훈련원(訓鍊院) 봉사(奉事)를 지냈다. 북쪽 최전방에 나가서 복무 중 그 지역 여인과 사이에 난 딸 영가선(永嘉仙) 이야기가 문장으로 남아있다. 묘소는 안동시 남선면 장수곡(長水谷) (유좌)에 있다.

▲ 상진(祥鎭, 헌종 을사1845~고종 병술1886) 향년(享年) 42세

父 철규(喆圭)와 母 평해황씨(平海黃氏)의 외아들이다.

字는 운노(雲老) 무과급제하여 만호(萬戶 종4품)을 지냈다. 원래 만호라 불러야 할 터인데 삭주현감 3개월 밖에 집무하지 안했는데도 모두 현감댁이라 불렀다. 이는 만호가 생소한 벼슬이라 현감(縣監 從六品)보다 더 낮은 벼슬이라 이해한데서 생겨난 호칭이다. 묘소는 안동시 임하면 사리동(沙理洞) 달밭골에 있다.

사마시(司馬試) 입격자(入格者)

생원(生員)

▲ 우준(宇儁, 현종 임자1672~영조 병인1746) 수(壽) 75세

父 득형(得亨)과 母 안동권씨(安東權氏) 사이 5남1녀 중 5남이다.

字는 택보(宅甫) 기유(1729)년 증광생원(增廣生員)이 되었으며 글을 잘 썼다. 묘소는 논우동(論愚洞) (유좌)에 배 안

동권씨(安東權氏)와 합폄이다.

진사(進士)

▲ 시준(時儁, 효종 무술1658~영조 계축1733) 수(壽) 75세

父 득형(得亨)과 모 안동권씨의 5남1녀 중 장남이다.

字는 택삼(宅三) 號는 수서옹(水西翁)이다. 창우(蒼愚) 한여옥(韓如玉 尤庵 宋時烈 弟子) 선생에게 글을 배워서 정묘년(1687) 성균진사(成均進士)가 되었다. 문장(文章)과 행검(行檢)으로 세상에 알려졌으며「수서문집(水西文集)」 2권이 있다. 그 교유의 범위가 넓어서 위로는 영의정 아래로는 사서(士庶)에 이르기까지 두루 사귀었다. 묘소는 봉화군(奉化郡) 춘양면(春陽面) 미곡(味谷)에 있다.

2. 사환(仕宦)

1) 행직(行職)

동지중추부사(同知中樞府事 從二品)

▲ 성두(星斗, 숙종 계사 1713~영조 병신 1776) 향년 64세

父 부호군 덕룡(德龍)과 母 숙부인 함안조씨(咸安趙氏)의 외아들이다.

字는 영실(永實). 관은 동지중추부사(同知中樞府事)였다.

墓所는 원림동(院林洞) 강정골(康亭谷) (자좌)언덕에 있다.

▲ 취록(就祿, 정조 병오 1786~ ?)
父 중복(重福)과 母 안동권씨의 3남 중 2남이다.
관은 동지중추부사(同知中樞府事)를 지냈다.
墓所는 아래 먼다리(임좌)에 있다.

▲ 택진(宅鎭, 순조 을유 1825~고종 무술 1898) 수(壽) 74세
父 증호조참판 상규(尙圭)와 母 증정부인 흥해배씨(興海裵氏) 4남 중 둘째다.
字는 선윤(善胤). 동지중추부사(同知中樞府事)를 지냈다.
墓所는 청송군 파천면 위 모질 앞산 (오좌)에 있다.

▲ 길진(吉鎭, 철종 무인 1858~1929) 향년 61세
父 증공조참판 오규(五圭)와 母 증정부인 함안조씨(咸安趙氏) 3남2녀 중 2남이다. 관은 동지중추부사(同知中樞府事)이다
墓所는 안동시 남선면 신석(申石) 뒷산(축좌)에 있다.

첨지중추부사(僉知中樞府事 正三品 堂上)
▲ 광도(光道, 숙종 을미 1715~정조 경술 1790) 수(壽) 76세
父 익겸(益兼), 母 안동권씨의 1남2녀 중 외아들이다.

관은 첨지중추부사(僉知中樞府事)에 이르렀다.

墓所는 안동시 남선면 지로동(枝老洞) (해좌)에 있다.

도정(都正: 正三品)

▲ 의현(義顯).

父 가선대부 유동(有東)과 母 정부인 영양천씨(潁陽千氏)의 4남중 둘째 아들이다.

字는 화백(和伯). 관은 훈련원(訓鍊院) 도정(都正 正三品堂上)을 지냈다.

墓所는 청송군 부동면 하의동(下宜洞) 무노동(無老洞) (자좌)에 있다.

부호군(副護軍 從四品)

▲ 덕룡(德龍, 숙종 병술 1706~영조 임술 1742) 향년 37세

父 통정대부 준일(俊逸), 母 숙부인 전주이씨(全州李氏)와의 3남 중 장남이다.

字는 중인(仲仁). 관은 부호군(副護軍)이다.

墓所는 안동시 와룡면 서지동(西枝洞) (진좌)에 있다. 부부연분(夫婦連墳)이며 묘표가 있다.

▲ 중열(重悅, 영조 기사 1749~순조 을유 1825) 수(壽) 77세

父 동지중추부사(同知中樞府事) 성두(星斗), 母 정부인

(貞夫人) 안동권씨(安東權氏)의 2남 중 장남이다.

字는 사유(仕儒). 관은 부호군(副護軍)이다.

墓所는 안동시 와룡면 서지동(西枝洞) (진좌)에 있다.

▲ 영진(永鎭, 순조 임오 1822~고종 신축 1901) 수(壽) 80세

父 증호조참판 상규(尙圭)와 母 증정부인 흥해배씨(興海裵氏)의 4남 중 장남이다.

字는 경윤(敬胤). 관은 부호군(副護軍)을 지냈다.

墓所는 청송군 파천면 백전(栢田) 못골(진좌)에 있다.

도사(都事 從五品)

▲ 취손(就孫, 정조 임인 1782~헌종 신축 1841) 향년 60세

父 부호군 중열(重悅)과 母 숙부인 김해김씨(金海金氏)의 4남중 2남이다.

字는 성우(聖佑). 관은 도사(都事)를 지냈다.

墓所는 안동시 남선면 음곡(陰谷)에 있다.

▲ 구규(久圭, 고종 계묘 1903~서기1939) 향년 37세

父 취만(就萬)과 母 안동권씨의 3형제 중 맏아들이다.

舊譜에는 구근(久根)이다. 관은 도사(都事)를 지냈다.

墓所는 안동시 남선면 신석동(申石洞) 기린골 석암(昔岩) (신좌)에 있다.

주부(主簿 正六品)

▲ 헌복(獻復)

훈련원(訓鍊院) 주부(主簿) 무과(武科)급제조에 자세하다.

▲ 득굉(得宏)

父 주부(主簿) 헌복(獻復), 母 안동권씨(安東權氏)의 5남 2녀 중 5남이다.

字는 명원(鳴遠). 관은 문음(門蔭)으로 선공감(繕工監) 주부(主簿)를 지냈다.

墓所는 사포동(沙浦洞) 配 영천이씨(永川李氏)와 쌍분이며 상석이 있다.

봉사(奉事 從八品)

▲ 득성(得聲) 무과(武科)급제조에 자세하다.

▲ 헌수(獻壽) 무과(武科)급제조에 자세하다.

참봉(參奉 從九品)

▲ 정수(廷秀, 영조 경진 1760~순조 을유1825) 향년 64세

父 응표(應標)와 母 김해김씨(金海金氏)의 3남 중 장남이다.

字는 경창(敬暢) 관은 참봉(參奉)을 지냈다.

墓所는 안동시 임동면 감동(甘洞) 중촌(中村) (오좌)에 있다.

▲ 필진(弼鎭, 순조 을유 1825~고종 무술 1898) 향년 64세

父 응규(應圭), 母 연인정씨(延日鄭氏)의 3남1녀 중 셋째이다.

字는 성필(聖弼). 관은 참봉(參奉)을 지냈다.

墓所는 안동시 예안면 태골 집 앞산(건좌)에 있다.

▲ 양한(亮漢, 헌종 임인 1842~서기1928) 수(壽) 87세

父 부호군 영진(永鎭)과 母 숙부인 밀양박씨(密陽朴氏)의 3남2녀 중 장남이다.

字는 자명(子明). 관은 장능참봉(莊陵參奉)을 지냈다.

墓所는 청송군 파천면 사호보(沙湖洑) 안쪽 산(임좌)에 있다.

▲ 경한(慶漢, 철종 임자 1852~서기1918 무오) 향년 67세

父 동지중추부사(同知中樞府事) 택진(宅鎭), 母 정부인 파평윤씨(坡平尹氏)의 3남 중 장남이다.

字는 경장(敬長). 관은 숭선전참봉(崇善殿參奉)을 지냈다.

墓所는 청송군 파천면 윗모질 앞산(오좌)에 있다.

▲ 성한(成漢, 철종 을묘 1855~서기1931)

父 화진(華鎭)과 母 강릉최씨(江陵崔氏)의 3남1녀 중 둘째이다.

字 복여(復汝). 관은 예문관참봉(藝文館參奉)을 지냈다.

墓所는 안동시 도산면 원천동 묘곡(苗谷) 갈전앞산(葛田前山) (임좌)에 있다.

▲ 명한(名漢, 철종 정사 1857~서기1938) 수(壽) 82세

父 대진(大鎭)과 母 경주최씨(慶州崔氏)의 3남1녀 중 셋째이다.

자는 명숙(明淑). 참봉(參奉)을 지냈다.

墓所는 청송군 청송읍 월외동(月外洞) (유좌)에 있다.

▲ 수한(守漢 고종 갑자 1864~ ?)

父 병진(秉鎭)과 母 창녕성씨(昌寧成氏)의 2남2녀 중 둘째이다.

字는 응구(應九). 관은 지능참봉(智陵參奉)을 지냈다.

墓所는 청송군 파천면 황목리(皇木里) 재궁골(임좌)에 있다.

▲ 계한(季漢, 고종 정묘 1867~서기1936) 향년 60세

父 쾌진(快鎭), 母 흥해배씨(興海裵氏)의 양아들이다. 生

父는 효규(孝圭)이다.

字는 경천(景天). 관은 참봉(參奉)을 지냈다.

墓所는 영양군 입암면 병옥동(屛玉洞) (오좌)에 있다.

▲ 주동(周東, 고종 기사 1869~서기1925) 향년 57세

父 도한(度漢), 母 안동권씨(安東權氏)의 양아들이다. 生父는 장한(張漢)이다.

字는 주경(周京), 號는 백은(栢隱). 관은 참봉(參奉)을 지냈다.

墓所는 청송군 파천면 백전 못골(임좌)에 있다.

▲ 광한(廣漢, 고종 을해 1875~서기1937) 향년 57세

父 수진(壽鎭), 母 평산신씨(平山申氏)의 2남중 장남이다.

字는 대류(大流). 관은 홍능참봉(洪陵參奉)을 지냈다.

墓所는 청송군 파천면 백전 나직골에 있다.

▲ 일진(鎰鎭, 고종 임신 1872~ ?)

父 성규(成圭), 母 동래정씨(東萊鄭氏)의 2남3녀 중 둘째아들이다.

字는 응삼(應三). 관은 참봉(參奉)을 지냈다.

墓所는 청송군 진보면 한실(손좌)에 있다.

내부협판(內部協辦 勅任官)

▲ 윤동(潤東) 가선대부(嘉善大夫) 조를 보라.

중추원의관(中樞院議官 勅任官)

▲ 수진(壽鎭, 철종 정사 1857~서기1935) 수(壽) 79세

父 절충장군 행용양위 부호군 윤규(潤圭), 母 숙부인 영월엄씨(寧越嚴氏) 1남2녀 중 외아들이다.

字는 중칠(仲七). 관은 중추원의관(中樞院議官)을 지냈다.

墓所는 안동시 와룡면 태골 생이골(生梨谷) (계좌)에 있다.

▲ 선진(善鎭, 철종 임술 1862~서기1925) 향년 64세

父 성규(成圭), 母 경주최씨(慶州崔氏)의 2남2녀 중 둘째이다.

字는 순칠(順七). 관은 중추원의관(中樞院議官)이다.

墓所는 태동(台洞) 당곡(堂谷) (을좌)에 있다.

▲ 인한(仁漢, 고종 기묘 1879~서기1950) 수(壽) 81세]

父 용진(容鎭), 母 단양우씨(丹陽禹氏)의 양아들이다.

字는 덕여(德汝). 관은 중추원의관(中樞院議官)을 지냈다.

墓所는 안동시 예안면 태골에 있다.

2) 관계(官階) 수직(受職)

가선대부(嘉善大夫) 從二品)

▲ 임산(任山, 숙종 갑술 1694~영조 무인1758) 향년 65세

父 철원(哲遠), 모 해주오씨(海州吳氏) 2남 중 둘째이다.

字는 공인(公仁). 가선대부(嘉善大夫)의 관계를 받으셨다.

墓所는 안동시 임동면 상감동(上甘洞) (임좌)이며 상석이 있다.

▲ 병득(炳得, 영조 갑오 1774~순조 갑오 1834) 향년 61세

父 통정대부 정삼(廷三)과 母 동래정씨(東萊鄭氏)의 1남 1녀 중 외아들이다.

字는 문강(文彊). 가선대부(嘉善大夫)의 관계를 받으셨다.

墓所는 영양군 홍암동(弘巖洞) 병좌에 있다.

▲ 해진(海鎭, 철종 무오 1858~1923) 향년 66세

父 한규(翰圭)와 母 월성이씨(月城李氏)의 2남1녀 중 장남이다.

字는 한조(漢祚). 가선대부(嘉善大夫) 품계를 받으셨다.

墓所는 안동시 임동면 지동(枝洞) 논실(무좌)에 있다.

▲ 윤동(潤東, 고종 경오 1870~고종 정미 1905) 향년 65세

父 참봉 경한(慶漢)과 母 창녕성씨(昌寧成氏)의 4남2녀 중 장남이다.

字는 덕윤(德潤). 가선대부(嘉善大夫) 내부협판(內部協辦)을 지내셨다.

墓所는 청송군 파천면 백전 앞산 선영에 있다.

▲ 유동(有東, 고종 갑술 1874~서기 1954) 수(壽) 81세

父 도한(道漢)과 母 월성김씨(月城金氏)의 3남2녀 중 둘째이다.

字는 원해(元海). 가선대부(嘉善大夫)의 관계를 받으셨다.

墓所는 청송군 부동면 상의동(上宜洞) 옥녀봉(玉女峰)(경좌)에 있다.

통정대부(通政大夫 正三品 堂上)

▲ 수강(守綱 一名 守江, 중종 기해 1539~광해 임술 1622) 수(壽) 84세

父 사준(士俊). 장수(84세)하셔서 통정대부(通政大夫)의 품계를 받으셨다. 이웃 사람들은 유덕군자(有德君子)라 일컬었다.

임진왜란 후 몇 번이나 흉년이 들어서 사람들이 먹고 살기가 어려워졌다. 이때 통정공(휘 守綱)이나 주부공(主簿公 휘 獻復)은 농사를 지어서 곡식을 쌓아 두고 밭이나 노

비를 사지 않고 양식을 구하러 오는 사람이 있으면 반드시 음식을 주고 곡식도 주었다. 늘 이렇게 하였다. 이 고장에 전 가족이 굶어 죽고 어린 아이들이 길거리에 나와서 울고불고 하자 이들을 데려다 길렀다. 이 때문에 이 아이들이 커서 은덕을 잊지 않고 할아버지 제사를 지내는 사람이 여럿 있었다고 한다.

▲ 준일(俊逸, 인조 경진 1640~현종 신축 1721) 수(壽) 84세

父 통정대부 승립(承立), 母 숙부인(淑夫人) 김해김씨(金海金氏)의 2남 중 장남이다.

字는 양단(陽旦). 통정대부(通政大夫)의 관계를 받으셨다.

墓所는 아래 먼다리(간좌)에 있으며 표석이 있다.다.

▲ 승립(承立).

父 무경(武景), 母 안동권씨(安東權氏)의 외아들이다.

字는 윤오(允五), 통정대부(通政大夫)의 관계를 받으셨다.

墓所는 안동시 성하동(亭下洞) (간좌)에 숙부인 김해김씨와 쌍분(雙墳)이며 묘표가 있다.

▲ 오립(五立, 인조 정해 1647~숙종 병술 1706) 향년 60세

父 수경(秀景), 母 영양남씨(英陽南氏)의 외아들이다.

字는 윤희(尹熙). 통정대부(通政大夫)의 관계를 받으셨다.

墓所는 안동시 임동면 지리(枝里) 답곡(畓谷 논실) 29번지에 있으며 묘비가 있다.

▲ 임학(任學, 숙종 임술 1682~영조 임술 1742) 향년 61세

父 철원(哲遠), 母 해주오씨(海州吳氏)의 2남 중 맏아들이다.

字는 광언(光彦), 통정대부(通政大夫) 관계를 받으셨다.

墓所는 청송군 파천면 모질(茅谷) 고개 상봉(술좌)에 있으며 상석이 있다.

▲ 관표(觀標, 숙종 정유 1717~영조 임진 1772) 향년 56세

父 통정대부(通政大夫) 임학(任學), 母 숙부인(淑夫人) 회덕송씨(懷德宋氏)의 2남 중 장남이다.

字는 집례(集禮), 통정대부(通政大夫)의 관계를 받으셨다.

墓所는 영양군 남면 홍암동(弘巖洞) (병좌)이며 묘표가 있다.

▲ 정옥(廷玉, 영조 임술 1742~정조 기미 1799) 향년 58세

父 통정대부(通政大夫) 관표(觀標), 母 영양남씨(英陽南氏)의 2남 중 장남이다

字는 인서(仁瑞). 통정대부(通政大夫)의 관계를 받으셨다.

墓所는 영양군 동면 고월동(高月洞) (유좌)에 있다.

▲ 정삼(廷三, 영조 병인 1746~정조 신축 1781) 향년 35세

父 통정대부(通政大夫) 관표(觀標), 母 영양남씨(英陽南氏)의 2남 중 2남이다.

字는 의보(義甫), 통정대부(通政大夫)의 관계를 받으셨다.

墓所는 영양군 남면 광천동(廣川洞) (곤좌)에 있다.

▲ 병례(炳禮, 순조 을축 1805~고종 신사 1881) 수(壽) 77세

父 정동(廷棟)과 母 진성이씨(眞城李氏)의 2남 중 둘째이다.

字는 경선(敬先). 통정대부(通政大夫)의 관계를 증직 받았다.

墓所는 안동시 임동면 지리 장령(長嶺) 아래(해좌)에 있다.

▲ 석진(錫鎭, 순조 경진 1820~ ?)

父 응규(應圭)와 母 연일정씨(延日鄭氏)의 3남1녀 중 맏아들이다.

통정대부(通政大夫)의 관계를 받았다.

墓所는 재산면 갈산용고(葛山龍皐) 도장골(유좌)에 있다.

▲ 문규(文圭, 순조 임오 1822~서기 1902) 수(壽) 81세

父 병흥(炳興)과 母 평해황씨(平海黃氏)의 4남 중 4남이다.

字는 규여(奎汝), 통정대부(通政大夫)의 관계를 증직 받았다.

墓所는 청송군 파천면 살굼 뒷골(간좌)에 있다.

▲ 광진(光鎭, 순조 경인 1830~서기 1912) 향년 60세

父 증호조참판 상규(尙圭)와 母 증정부인 흥해배씨(興海裵氏)의 4남 중 3남이다.

字는 국명(國明), 통정대부(通政大夫)의 관계를 받았다.

墓所는 청송군 파천면 백전 물덤(오좌)에 있다.

▲ 하한(河漢, 철종 계해 1863~서기 1944) 수(壽) 82세

父 명진(明鎭)과 母 청송심씨(靑松沈氏)에 1남1녀 중 외아들이다.

자 경숙(景淑), 통정대부(通政大夫)의 관계를 받으셨다.

墓所는 안동시 임동면 지동 논실(畓谷) (유자)에 있다.

▲ 동(弼東, 고종 을해 1875~서기 191) 향년 57세

父 보한(輔漢)과 母 울진임씨(蔚珍林氏)의 양아들이다. 生父는 참봉 경한(慶漢)이다.

字는 덕문(德文), 통정대부(通政大夫)의 관계를 받으셨다.

墓所는 청송군 파천면 백전 앞산에 있다.

3) 증직(贈職)

▲ 정춘(廷春, 영조 을해 1755~순조 경진 1820) 향년 66세

父 세표(世標), 母 상락김씨(上洛金氏)의 3남1녀 중 장남이다.

字는 기성(旣成). 사복시정(司僕寺正)을 증직 받았다.

墓所는 안동시 상지동(上枝洞) 장지골(자좌)에 있다.

▲ 병인(炳仁, 영조 갑오 1774~순조 임진 1832) 향년 51세

父 증사복시정 정춘(廷春)과 母 증숙부인 밀양박씨(密陽朴氏)의 2남 중 장남이다.

字는 재열(在熱). 승정원좌승지(承政院左承旨)를 증직 받았다.

墓所는 안동시 상지동 장지골(자좌)에 있다.

▲ 취락(就洛, 정조 무오 1798~철종 경술 1850) 향년 53세

父 부호군 중열(重悅), 母 숙부인 김해김씨(金海金氏)의 4남 중 3남이다.

字는 성운(聖雲). 공조참의(工曹參議)를 증직 받았다.

墓所는 안동시 남선 음곡(陰谷)에 있다.

▲ 상규(尙圭, 순조 신유 1801~철종 무오 1858) 향년 58세

父 증승정원좌승지 병인(炳仁)과 母 증숙부인 창녕성씨(昌寧成氏)의 3남 중 2남이다.

字는 덕언(德偃). 호조참판(戶曹參判)을 증직 받았다.

墓所는 안동시 임동면 지동 정실등(井實嶝) (해좌)에 있다.

▲ 오규(五圭, 순조 임진 1832~고종 경오 1870) 향년 39세

父 증공조참의 취락(就洛), 母 증숙부인 경주김씨(慶州金氏)의 외아들이다.

호조참판(戶曹參判)을 증직 받았다.

墓所는 원림동(院林洞) 강정골(江亭谷) (갑좌)에 있다.

▲ 윤규(潤圭, 순조 신사 1821~고종 갑오 1894) 수(壽)74세

父 취덕(就德)과 母 영해백씨(寧海白氏)의 3남 중 2남이다.

字는 유식(惟植). 관은 절충장군(折衝將軍)행용양위(行龍驤衛)부호군(副護軍)을 증직 받았다.

墓所는 태동(台洞) 대곡(大谷) (해좌)에 있다.

증대부(贈大夫)

▲ 제현(霽顯).

父 계동(啓東)과 母 달성서씨(達成徐氏) 2남2녀 중 맏아들이다.

字는 성백(聖百). 통정대부(通政大夫)를 증직 받았다.

墓所는 청송군 청송읍 월막동 뒷산 소당현(小塘峴) 임좌에 있다.

▲ 순한(舜漢, 철종 계축 1853~서기 1929) 수(壽) 77세

父 부호군 영진(永鎭)과 母 숙부인 밀양박씨(密陽朴氏)의 3남2녀 중 둘째이다.

字는 대여(大汝). 통훈대부(通訓大夫)를 증직 받았다.

墓所는 청송군 파천면 백전 나직골에 있다.

4) 은일(隱逸)

▲ 성규(聲圭, 순조 을축 1805~고종 갑술 1874) 수(壽) 70세

父 경집(敬楫). 母 축산전씨(竺山全氏)사이 2남이였으나 형이 백부에게 양자로 감으로서 독자가 되었다.

字는 혜언(兮彦). 號 소은(蘇隱). 도학(道學)이 청고지절(淸高志節)하여 당시 사람들의 사표(師表)가 되었으며 후손들에게는 모범이 되었다.

墓所는 금계(錦溪) 손오동(孫吳洞) (미좌)에 있다.

3. 선세유록(先世遺錄)

1) 파보부록(派譜附錄)

김헌복(金獻復)은 삼한벽상공신(三韓壁上功臣) 태사(太師) 김선평(金宣平)의 후예이다. 1618년(광해10 무오)에 무과에 급제하였는데 이때가 마침 광해군 때로 정인홍(鄭仁弘), 이이첨(李爾瞻), 정조(鄭造), 윤인(尹訒) 등이 폐모론(廢母論)을 주장하던 때라 나랏일이 날로 잘못되어 가고 있어서 어질고 착한 선비들은 모두 관직에서 물러나서 종적을 감추었다. 무주(無住) 홍선생(洪先生 鎬)께서 김헌복에게 이르기를 "하늘과 땅이 막히고 해와 달이 경위(經緯)를 잃었으니 군자가 조정에 들어가 일할 시기가 아니다. 나는 장차 숨어 살려는데 자네도 나를 따라 가겠는가?" 김헌복(金獻復)이 드디어 탄식하며 다시 서울에서 벼슬을 구하려 하지 않았다. 1621년(광해13 신유)에 홍선생을 따라서 태백산중에 들어가서 소천리(召川里) 나계(蘿溪) 안상(岸上)에 작은 암자(庵子)를 지었다. 모두 집지을 자재를 내어놔 걸어서 오가며 잘 경영하여 비용을 절감한 공이 크셨다. 이로부터 세상사에 인연을 끊고 물과 달을 벗 삼으며 작은 초당에 앉아 유유자적하며 지내다가 계해년(1623) 인조반정 후 홍선생은 조관(朝官)으로 벼슬길에 나아가 간의

대부(諫議大夫)에 이르렀고 김헌복(金獻復)은 훈련원(訓鍊院) 주부(主簿)가 되었다. 그 뒤 맏아들 득성(得聲)은 경신년(1620)에 무과에 등과하여 갑자년(1624) 이괄의 난 평정에 참가하여 그 공으로 원훈이등공신(原勳二等功臣)이 되었고 조카 득몽(得夢)은 무자년(1648)에 무과에 등과하여 훈련원 봉사(奉事)가 되었으며 손자 시준(時儁)은 정묘년(1687) 성균진사(成均進士), 손자 우준(宇儁)은 을유년(1705)에 증광생원진사(增廣生員進士)에 입격하였다.

1672년 8월 15일 결(缺) (安東金氏世譜司果公派譜)

附錄

金獻復三韓壁上功臣太師金宣平之後裔萬曆戊午登武科當光海朝鄭仁弘李爾瞻鄭造尹訒等爲廢母之論時事日非一時良善皆謝仕晦跡無住洪先生鎬謂金獻復曰天地閉塞日月失經此非君子立朝時也吾將隱矣子其能從我乎金獻復遂慨然不復求仕於京崇禎元年辛酉從洪先生徙太白山中築小庵於召川里蘿溪上出物鳩材徒步往來其經紀贊助之功實多焉自是謝絕世事優遊盤桓於小庵水月之間及癸亥反正之後洪先生出而仕於朝官至諫議大夫金獻復訓鍊主簿其後長子得聲庚申登武科甲子适變原勲二等功臣其猶子得蓂戊子登武科訓鍊奉事其孫時僑丁卯成均進士孫宇僑乙酉增廣生員進士康熙壬子八月十五日缺

2) 백부님 훈련원(訓鍊院) 봉사공(奉事公) 행적(行蹟) 호 귀암(龜巖)

백부님 휘는 득성(得聲) 자는 진원(振遠)이다. 1599년(선조32 기해)에 태어나시고 1650년(효종 원년 경인)에 향년 52세로 서세하였다.

태어나서 두 살이 되던 해에 어떤 술사(術士)가 공을 보시고 스물두 살에 급제할 것이라고 하였다. 과연 공이 스물두 살이 되던 경신(1620 광해12)에 무과에 급제하셨다.

1624년(인조2 갑자) 역적 이괄(李适)이 난을 일으켜 군사를 거느리고 경성(京城:서울)을 압박해 오자 군사를 거느리고 안현(鞍峴) 전투에 참여하여 전공 2등에 책록(策錄)되었다.

또 1636년(인조14 병자) 청나라 군사들이 남한산성(南漢山城)을 포위 공격하자 기고별초장(旗鼓別抄將)으로써 분신(奮身) 강개(慷慨)하여 전쟁에 나가기를 청하였다. 무주(無住) 홍선생(洪先生:鎬)이 할아버지께 글을 보내기를: 아드님께서 스스로 전쟁에 나가기를 원했다니 매우 가상(嘉尙)한 일입니다. 비록 천생으로 충용(忠勇)의 자질을 지녔다하나 가훈(家訓)이 없었다면 어찌 이런 생각을 했겠습니까? 라고 하였다 한다. 이 글은 함릉(咸陵) 홍주부(洪主簿)의 집에 있다. 천성적으로 지극한 효심이 있었으며 친히 부엌에 들어가 맛있는 음식을 만들어서 없는 음식이 없었다. 집안에 사사로이 재물을 모으지 않았다. 일찍이 경상감사와 해세(海稅:바다 산물에 대한 세금)를 잘 감독하여 순찰사(巡察使)가 특별히 생선과 소금을 많이 주어서 모두 본가로 가져왔다. 대개 이 일에 관한 소문을 들으니 그때 백모님이 조모님 앞에서 어염 일부를 청하였더니 남을 대하듯 하였다고 한다.

백부님 형제분이 모두 다섯인데 네 동생은 모두 계모(繼母: 安東權氏)가 낳았다. 외가에서 전해 내려오는 노비는 조금 많았으며 본가의 노비는 모두 여러 동생들에게 양보하였다. 일찍이 할아버지와 아버지로부터 병자호란(丙子胡亂)에 대하여 들었는데 노장(老將)으로써 민가에서 근왕병(勤王兵)을 일으켜 전쟁에 참가하였다. 이날 밤 등불을 켜고 분깃(分衿)을 한 것을 문권(文券)으로 적었는데 백부님께서는 매우 적게 드렸고 거개가 동생들이 원하는 대로 따랐다고 하였다. 그 문권은 지금 종손 집에 있다. 조모님이 성정이 급하셔서 자기가 낳은 자녀에게 지분이 적게 돌아가자 화를 내시면서 얼굴색이 변하였다. 백부님께서는 종신(終身)토록 조금도 할머니의 뜻을 거스르지 않고 늘 기쁜 얼굴로 대해였다.

내가 일찍이 할머니를 모시고 왕고모를 만나 뵈었는데 마냥 백부님에 대한 말씀만 나오면 눈물을 쏟으셨다. 이때 백부님은 부모님을 떠나서 객지살이가 거의 30년이나 되어 지극한 효도를 하지 못하여 계모가 돌아가신 후에 상심하여 눈물을 흘리는 일이 오래갔다. 선친(先親 휘 得亨)께서 늘 백부님에 대하여 말씀하시기를 "내 나이 12살 때 아버지께서 돌아가시고 이때 큰 형은 따로 생활하기 이미 여러 해가 되었다. 어머니께서 집안일을 맡아 하면서 우리 형제자매를 키우느라 아닌 게 아니라 기근과 추위에 마음이 어지러웠다."고 하셨다. 그러나 백부님께서는 조석(朝夕) 끼니를 못 이을까 염려하시어 가끔 부엌에 들어와서 살펴보기도 하셨다. 우리 아버지 상사에도 백부님은 종상(終喪)까지 자리를 같이하지 못하고 중형이 집에서 책 읽고 글을 쓰기가 불편하자 궤연(几筵)에 고하고 학재(學齋)를 선정하기를 청송의 깊숙한 벽지의 절을 택하여 오로지 학문에만 전념케 하였다. 그러나 중형이 불행하게도 일찍이 세상을 뜨고 문사(文辭)가 무더기로 나오는 것은 모두 큰 형님의 힘이다. 또 나의 소년 시절 꼭 형님이 먹다가 남긴 밥을 먹었는데 큰 형수님이 장난삼아 웃으시면서 "아직도 남겨주는 밥을 먹습니까?" 하자 나는 어리광부리는 습관을 버리지 못하고 그릇을 지붕위로 던져버렸다. 큰 형님이 크게 기뻐하면서 웃으며 "기특하다 기특해. 보기가 좋구나. 또 던져라 이후에도 또 이렇게 해라."고 하셨다. 우리 형님이 아니었으면 틀림없이 노여워서 꾸짖었을 것이다. 아 아 내가 어려서 아버지를 여위고 형님에게 의탁하여 교육을 받으면서 오늘에 이르렀다. 지금은 우리 형님이 안 계신다. 또 말씀하시기를 "큰 형님은 자색 빛 수염이 여덟 자 두 치나 되었다. 절도사(節度使)가 크게 군사를 조련을 하는데 부성(府城)에서 군진을 펴기 전에 불의에 기습하여 한 방면을 침범하는 훈련이었다. 절도사가 상장(上將)으로 절제를 하고 큰 형님이 총독(總督)이 되어 수염을 높이 치켜들고 웃으며 말씀하시기를 "잠시나마 군사를 움직일 기회를 잃으면 반드시 패배한다." 하고 불시에 포위하여 기병(奇兵)의 우두머리를 잡고 북을 울려서 승리를 고하였다. 이에 절도사가 상탄(賞嘆)하였다고 한다. 큰 형은 무예(武藝)만 절륜(絶倫)할 뿐 아니라 역사(歷史)와 전기(傳記)에도 정통(精通)하여 다른 이들에게 가르치는데도 게을리 하지 않았다. 아버지께서는 예학(禮學)을 좋아하여 상제(喪祭)의 모든 절차에 모두 법도가 있었다. 큰 형도 그대로 따랐다. 이때 집안으로 지나가자면 오래된 괴화나무 그늘이 드리워진 문이 있고 문밖에 많은 지체 높은 사람들의 수레가 있었다고 하셨다.

내가 일찍이 집에서 들은 바는 이와 같았다. 스스로 생각해보니 금년으로 63년이나 되었다. 그때 거상(居喪) 중에 있었는데 이상한 병이 들었으나 다행히 죽지 않고 숨이 곧 넘어갈 것 같은 지경에 이르렀지만 들은 바를 한마디 기록도 남기지 않고 죽을 수 있겠는가. 들은 바를 기록함으로 백부님 행적이 없어지지 않을 것이다. 제사를 올린 후에 조금 정신을 가다듬어 유사(遺事)를 서술한 것이 오른쪽과 같다. 훗날 태어난 자손들이 믿을 것이다.

경자년(1720) 4월 26일 조카 시준(時儁) 삼가적음.(水西文集), (安東金氏世譜 司果公派譜)

수서문집에는 제(題)를 백고봉사부군유사(伯考奉事府君遺事)라 하였다.

伯父訓鍊院奉事公行蹟號龜巖

伯父諱得聲字振遠生于萬曆二十七年己亥卒于崇禎丙子後十五年庚寅得年五十有二生數歲有術士見之曰二十二當登第果中庚申武科天啓四年甲子逆适逼京城將兵赴難于鞍峴錄功二等崇禎九年丙子清人圍南漢以旗鼓別將奮身慷慨請出戰無住洪先生與祖考書曰令胤自願出戰深嘉尚雖其天質之忠勇不有家訓何以至此此書今在咸陵洪主簿家天性至孝親廚甘旨無不具其居家不畜私財嘗與嶺伯爲善鹽海稅巡察使所特與魚鹽不貲而盡歸親家盖聞其時伯母就祖母前請一窩以待賓云伯父兄弟凡五人四弟皆繼母出也自以外家所傳臧獲稍優以本家臧獲讓諸弟嘗聞祖考於丙子之難以老將發閫左之兵且赴戰是夜張燈分衿著文券而所與伯父頗少盖從其願云文卷今在宗孫家祖妣性急於己出子女少有不可輒發怒變色伯父終身無絲毫違意常得懽顔時偶嘗侍祖妣見祖姑每說及伯父輒汪然出涕時伯父去庭闈殆三十年向非誠孝之至其能使繼母泣涕悲傷於沒世之後愈久而愈不已邪先親每說及伯父時事曰吾年十二先考見背

當是時伯兄分廚已有年爲先妣經理家事先妣養吾兄弟姊妹而
未嘗以飢寒亂心然伯父猶恐慈之朝夕或巡廚以檢之先考之喪未終伯
父以仲兄在家不能讀書作文告几筵齋送青鳧深僻之僧舍使專
意文使仲兄雖不幸早世其文辭逈出流輩者都是伯兄之力也又
曰吾少時必食家兄餘飯伯嫂嘗戲笑曰又食餘飯耶吾嬌習未已
以食器投諸屋上伯兄大喜而笑曰奇哉奇哉見之好也又投耶今
後又須如此若非吾兄必怒罵也嗟乎吾少孤賴吾兄教養以至今
日而吾兄不在矣又曰伯兄紫擯臂長八尺二寸節度使嘗大操府
城未布陳設奇兵以犯一面他將欲受上將節制伯兄爲總督撤擊
指揮而笑曰少失兵機必敗乃不請而圍之獲奇兵之長鳴鼓告捷
節度使嘆之伯兄不惟武藝絕倫又精於史傳教授不怠末者好禮
喪祭諸節皆有法焉伯兄遵守之時或過中家有老槐蔭門門外多
長者車轍時儁聆嘗敬聞於家庭者如此而自念今年六十三矣時
居草土因遘奇疾幸不死滅而氣息奄奄欲盡若無一言以記所聞
則伯父行蹟幾何不至於湮沒哉祭奠之餘稍收精神略敘遺事如
右子孫之後生者有所信焉庚子四月二十六日猶子時儁謹識

3) 쌍령유적(雙嶺遺蹟) 一

아버지(得亨)께서 말씀하셨다. 1636년(병자호란)때 일을 말씀하시기를 이해 섣달 큰 형님이 집에 계셨는데 관부(官府)에서 별초기고장(別抄旗鼓將)으로 충군(充軍) 하라는 군령(軍令)을 가져와서 빨리 입대하라는 독촉으로 관부에 들어가자 청군(淸軍)이 서울을 압박하고 있다는 소식이 이미 도착되었다. 이날 저녁에 행군하여 풍산로(豊山路)를 지나가려는데 성 서쪽에 사는 사람들이 길가에 앉아 서로 바라보며 울면서 기약 없는 이별을 하고 있었다. 경기 광주(廣州) 묵방(墨防)에 도착하여 일군(一軍)의 밥을 짓는데 징조가 상서롭지 못하여 근심스러웠다. 이날 밤 쌍령(雙嶺)에 도착하였다. 이 날이 정축년(1637) 정월 초2일이었다. 다음 날 아침 큰 형님이 군문(軍門)밖에 나가서 남쪽을 향해 바라보니 반공중에 번쩍번쩍하는 빛이 비치는 데 햇빛이 번갈아 가면서 비치는 듯이 하여 다른 장수들을 돌아보면서 저것이 청군의 전봉(前鋒)이야 아니겠지! 하고 즉시 군사를 남으로 되돌리고 굳게 말안장을 잡고 기다리는데 청나라 기병이 남쪽에서 군영(軍營)으로 쳐들어 왔다. 기고장(旗鼓將)은 곧 전봉장(前鋒將)이다. 큰 형이 먼저 말에 올라 전쟁을 재촉하니 청군의 화살이 비 오듯 쏟아졌다. 돌아 볼 여가도 없이 앞으로 쳐들어가 싸우기 수십 여회, 선봉군이 죽음을 각오하고 싸움을 하였으나 몸도 지치고 전세마저 기울자 머리를 들어 본진을 돌아보니 좌병사(左兵使) 허완(許完)은 이미 전사하고 일진(一陣)이 모두 무너져서 시신만 즐비하게 늘어져 있었다. 청군은 크게 모여들어 좌우에서 구름을 쫓는 기세여서 어떻게 해볼 수가 없었다. 삼중으로 포위되어 더 이상 어쩔 수 없어서 즉시 말고삐를 돌려서 포위망을 빠져 나가려는데 청나라 기병 10여기가 추격해왔다. 몸을 날려 싸움을 하여 세 명의 기장(騎將)을 참수(斬首)하고 나니 또 7기(騎)가 멀리서 추격해 왔다. 곧 백 여리나 달려가니 몸은 굶주리어 지치고 말은 쓰러졌다. 어찌 할고 "하늘이 진실로 나를 죽게 하니 어찌 하겠는가." 라고 탄식하였다. 청나라 기병이 급박하게 추격해오자 막천(幕川) 구릉을 넘어 돌고 돌아 피신하는 와중에 길가에 말 한필이 보였는데 비단으로 속을 덴 털모자를 쓴 자가 입에서 가래침을 두어 말이나 토하고 죽었다. 이때 말 한 필이 공중을 향해 높이 뛰며 앞으로 달려왔다. 고삐를 잡으려 하자 말이 놀라서 잡을 수가 없었다. 또 걸어가는데 말 한 필이 나타나서 활시위를 당기었다. 또 앞에 바쁘게 달려오는 말이 지나가자 온 힘을 다하여 잡아타고 가만히 채찍을 쳐서 달려가다가 옆길로 돌아서 숲이 있는 언덕에 오르자 청기(淸騎)가 더 이상 추격해 오지 못하였다. 드디어 급히 말을 산위로 몰아서 눈 덮인 골짜기를 내려왔다. 거적거리는 물건이 있는 것 같아서 바짓가랑이를 만져 보니 화살 3개는 바짓가랑이 사이에 꽂혔고 한 개는 왼쪽 팔에 꽂혔다. 그리고 온 몸 4~5개 처에 창상을 입었다. 즉시 말에서 내려 화살을 뽑고 잠시 휴식을 취하면서 말안장을 열고 습두(褶橐)를 올리니 장찬(醬饌)이 보였고 보검(寶劍) 한 자루와 보주(寶珠) 한 쌍이 보자기에 싸여 있었다. 잠시 후 냇가에서 음식을 먹고 칼을 어루만지면서 노래하였다. "갑자기 안마(鞍馬)가 나타나서 다른 사람이 탔네." 하며 긴 안도의 한숨을 쉬고 조령(鳥嶺)을 넘어 며칠을 지나 야밤중에 집에 도착하니 큰 형수님이 상청을 차려 놓고 울고 있었고 아이들은 아버지를 부르고 아버지는 쓰러져있었다.

노장(老將)으로 민간에서 군사를 일으켜 전쟁을 도우려고 새벽에 다시 나가서 전쟁에 참여하려 하였으나 강화(江華) 수성(守城)에 실패하였다는 소식을 듣고 그만두었다.

또 말씀하시기를 이 호란(胡亂)때 내 나이 5세였다. 어떤 사람이 말을 전한 것을 기억한다. "큰 형님이 전쟁에 패하고 죽었다고 전하자 이때 아버지께서 대추나무로 된 문기둥에 기대어 권씨(權氏) 어른을 급히 불러서 나대신 관부(官府)에 들어가 아들의 생사를 물어보고 오라고 청을 드렸다. 권씨 어른이 관부에 갔다가 돌아와서 아뢰기를 모인(某人)은 모일(某日)... 이때 잠시 뒤를 바라보았으나 보이지 않아 아마도 전사한 것 같다고 하였으니 그릇 전해진 것도 아니다. 당시의 일을 전부 다 기록치 못하였다. 그 뒤에 큰 형이 잡아온 쌍령(雙嶺)의 말이 죽었는데 서쪽에 있는 정자(亭子) 아래 관로(官路) 옆에 묻고 표석(表石)을 세웠다."고 하셨다. 또 말씀하시기를 "큰 형님은 변화무상한 시기를 만나서 거듭 사지(死地)를 밟았다."고 하셨다.

갑자년(1624) 역적 이괄(李适)의 난 때에는 안현(鞍峴)에서 역전(力戰)하여 이등공신(二等功臣)이 되셨고 병자년(1636)의 청인(淸人)들과의 쌍령전에서는 또 전봉(前鋒)으로써 화살과 돌이 날아드는 중에도 시신(屍身) 사이를 빠져 나와 성명(性命)을 지킬 수 있었음은 아아 이는 하늘이 돌보심이다. 소위 보물이라는 야광주(夜光珠)와 용연검(龍淵劍) 등의 물건은 청나라 사람들의 물건이다. 오늘날의 사람들은 이를 두고 복이라고 하는 사람도 있고 화(禍)라고 하는 이도 있다. 천도(天道)가 서로 어긋남은 이는 그렇지 않는 것도 있다는 것인가. 큰 형이 행군하여 쌍령전투에 참가하러 가다가 풍산(豊山)에 이르렀을 때 감천((甘泉)에서 온 군병(軍兵)들 가운데 아들이 허약하여 아버지가 대행(代行) 하는데 너무 늙은 군병이 있었다. 큰 형님이 불쌍하게 여기어 집으로 돌려보내고 군영(軍營)에서 말굴레나 잡는 군졸로 대신하게 하여 노약자들이 매우 고마워하였다. 이러한 음덕(陰德)으로 신명(神明)이 감명하여 도운 것이 아닐까? 내가 아버지로부터 들은 것이 이와 같다. 이는 자손들이 응당 알아야 할 일이다.

1720년(숙종46) 5월 5일 조카 시준(時儁) 삼가 적음.

(水西文集) (安東金氏世譜 司果公派譜)

(水西文集에는 제목이 伯考府君雙嶺記事로 되어있다.)

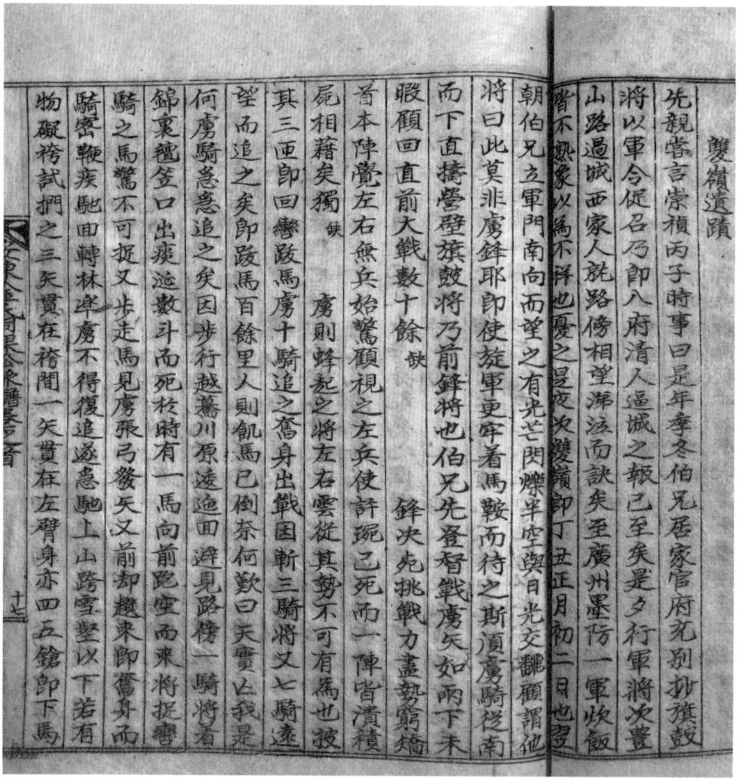

雙嶺遺蹟

先親嘗言崇禎丙子時事曰是年季冬伯兄居家官府充別抄旗鼓
將以軍令促召乃即入府清人逼城之報已至矣是夕行軍將次豊
山路過城西家人就路傍相望涕泣而訣矣至廣州墨防一軍炊飯
皆不熟衆以爲不祥也夏之是夜次雙嶺即丁丑正月初二日也翌
朝伯兄立軍門南向而望之有光芒閃爍半空與日光交耀顧謂他
將曰此莫非虜鋒耶即使旋軍更牢着馬鞍而待之斯須虜騎從南
而下直擣營壁旗鼓將乃前鋒將也伯兄先登督戰虜矢如雨下未
暇顧回直前大戰數十餘 缺 鋒次先挑戰力盡勢窮矯
首本陣覺左右無兵始驚顧視之左兵使許琓已死而一陣皆潰積
屍相藉矣獨 缺 虜則蜂起之將左右雲從其勢不可有爲也披
其三匝卽回轡跋馬虜十騎追之奮身出戰因斬三騎將又七騎遂
望而追之矣卽跋馬百餘里人則飢馬已倒奈何歎曰天實亡我是
何虜騎急急追之矣因步行越蕎川源遠迤回避見路傍一騎將着
錦裏氈笠口出痰涎數斗而死於時有一馬向前跑空而來將捉轡
騎之馬驚不可捉又步走馬見虜張弓發矢又前却趲來卽奮身而
騎密鞭疾馳由轉林巒虜不得復追遂急馳上山路雪壁以下若有
物礙袴試捫之三矢貫在袴閒一矢貫在左臂身亦四五鎗卽下馬

安東金氏司果公派譜卷首 十七

拔之因小憩開鞍上褶槖見醬饌在㐌實釼一柄寶珠一雙亦在其
間臨河而食撫釼而歌曰便有鞍馬別人騎之數遂踰嶺積日閒関
夜半到家伯嫂設奠而哭命兒呼文而顛先考以老將發関左之兵
晨且赴戰矣伯兄亦將復行會江都失守乃罷又曰亂時吾年五歲
尚記有人傳言伯兄戰敗而沒時先考倚門棗木悳呼權丈舶曰請
爲我入官府問之權丈還言某人云某日 缺 將時暫望伊
後不相見恐戰没非誤傳也當時之事未可盡記也其後伯兄所捉
騎雙嶺之馬死埋之西亭子官路傍立石以表又曰伯兄遺時多變
荐蹈死地其在甲子逆适之亂力戰鞍峴爲二等功臣丙子清人雙
嶺之戰又以前鋒犯矢石抽身亂屍之間能保性命噫幸也天也所
謂寶物夜光珠龍淵釼此等物是清人之物也今人或謂福善禍淫
天道相反此有不然者伯兄行軍赴雙嶺也至豊山見軍中有甘泉
軍兵其子弱其父代行而老矣伯兄憫之乃遣歸以營下執鞭卒代
之使老弱皆全意者陰德所感神明佑之夫時儁所嘗聞於老親者
如此矣其後生者所當知也庚子五月十五日猶子時儁謹識

4) 쌍령유적(雙嶺遺蹟) 二

향리의 이웃 노인들이 우리 증조할아버지를 후덕한 분이라 하였다. 내가 어릴 때 그런 말들을 얼핏 들었는데 조금 컸을 때 아버지께서 늘 선대의 이력을 말씀하시기를

"옛날 임진왜란이 일어난 후에 흉년이 몇 번 들어서 사람이 서로 잡아먹는 지경에 이르렀다. 이때 우리 할아버지께서는 농사를 잘 지어서 곡식을 쌓아 두고 있었으나 밭 한 이랑, 노복 한사람도 사지 않고 구걸하러 오는 사람에게 반드시 음식을 주고 또 곡식을 주었다. 매일 이렇게 하였다. 그러나 향내(鄕內)에는 온 가족이 굶어 죽고 어린 아이들은 배가 고파서 길거리에서 울며 돌아다녔다. 할아버지께서는 이 아이들을 데려다 기르셨다. 그들은 그 은공을 잊지 않고 매년 할아버지 제사를 올렸다. 내가 아는 것만 하여도 두어 집이 있다. 오무(五畝) 김용궁공(金龍宮公)이 칭찬하기를

"이 사람이라면 음덕을 쌓았으므로 뒷날 반드시 창성(昌盛) 할 것이다." 또 일찍이 말씀하시기를 "내가 죽림(竹林) 김처사공(金處士公)을 배현(拜見) 하였는데 금계공(金溪公)에게 말씀하시기를 '일찍이 내 증조할아버지 용궁공(龍宮公)에게서 들었는데 그대의 할아버지는 심덕(心德)이 있어서 이를 기록하여 남겨 두었는데 지금 그 기록한 서장

(書章)이 있는지 없는지 모르겠다.'라고 하였다" 내가 집에 돌아가 찾아보았지만 찾아내지 못하였다. 한스럽고 한스러운 일이다.

할아버지는 성품이 온순(溫醇)하고 다른 사람들을 아끼셔서 가난한 사람을 구제하고 곤궁(困窮)한 사람을 긍휼히 여겨서 진실한 마음으로 이들을 도왔다. 아버지께서도 대를 이어 덕으로 다른 사람들을 구제코자 하였으나 할아버지가 하시던 일에 미치지 못하였다. 내가 많이 적을 순 없고 나는 아이 때 아버지가 하신 말씀을 듣고 적는다.

아버지는 한겨울 혹한을 만났을 때면 꼭 말씀하시기를 "옥중에 죄수들이 어떻게 밤을 보낼까?" 하시고 콩죽을 쑤어서 옥문 밖에 두고 각각 한 그릇씩 먹이었다. 그렇게 하지 않는 해가 없었다. 이 일들을 너희들은 알아라. 또 일찍이 말씀하시기를 "아버지의 부방(部防)에도 편지를 보내면서 연월 밑에 휘(諱)를 쓰고 그 왼편 곁에 제(題)를 쓰기를 「千里寄書(천리 밖에서 편지를 보내다)」, 혹은 내 이름자를 쓰기도 하고 안 쓰기도 하였는데 너희들은 웃지 말아라. 이것은 옛 사람들의 질승(質勝)한 곳이다. 내가 오래된 상자를 꺼내어 찾아보았더니 과연 이 글이 10절이나 나왔다. 지금 집에 보관하고 있다.

득몽(得夢)께서는 1648년(인조26 무자)에 무과에 급제하고 종제들은 1687년(숙종13 정묘)과 1705년(숙종31 을

유) 형제가 차례로 사마시(司馬試)에 합격하였으니 음덕으로 갚음을 받은 경사가 아니겠는가? 지금 내 여러 손자들이 다행히 끊이지 않고 이어지고 있으니 선조께서 베푸신 마음의 덕을 얻은 것이 아닐까? 없고 없어도 무엇이 두려울까? 또 증조할아버지의 유사를 쓸 만한 사람이 한 둘이겠는가 마는 불초한 이 사람이 아버지 살아계실 때 하나하나 여쭈어보지 못하였고 또 지금은 숙부님들마저 돌아가시고 안 계시는 마당에 누구에게 들을 수 있겠는가? 내가 병들어 죽은 뒤에 선대의 행적이 더욱더 희미해질까 염려되어 내가 희미하나마 만일에 대비함이다. 내 일찍 아버지로부터 들은 바를 적어서 자손에게 보이려 함이다.

1720년(숙종46 경자) 4월10일 증손자 명룡(命龍) 삼가 적음.(安東金氏世譜 司果公派譜)

鄕隣古老稱我曾祖考有厚德命龍幼時粗聞其說稍長先親無語先代事曰昔在萬曆壬辰之間亂後歲飢幾至人相食吾祖考尙能爲農儲穀不買一田一奴人有乞糧者必飮食之又與之穀日以爲常鄕有全家餓死而稚子啼於衢路取而養之使不絶其祀吾所知者凡數家五畝金龍宮公嘗稱之曰斯人也有陰德其後必昌云又嘗曰余拜竹林金處士公於金溪公曰嘗聞吾曾祖龍宮公以君之祖父有心德爲記以遺之其紙今在否余歸而搜之不可得可恨可恨祖考性温醇愛人其濟困恤窮固尙矣先考又繼世德濟人如不及余不能多記記余兒時見先考過冬日寒甚必曰獄中囚繫之人何以度夜曉作豆粥至獄門外各餽一器無歲不然汝曹識之又嘗曰先考之部防也寄書年月之下書諱題其左傍曰千里寄書或浮

况書我名字汝勿笑也此古人質勝處也命龍就古篋覓之果有是書十襲之今在家敬惟曾祖考生于嘉靖十八年己亥卒于天啓二年壬戌壽八十四其家居無衣食憂子孫成列優遊田里永享其樂其在子孫祖考登萬曆戊午武科先考繼登庚申武科皆曾祖考在時也堂叔登崇禎丙子後三十年戊子武科從弟丁卯乙酉榜兄弟以次中司馬是所謂陰德之報而餘慶之反耶今我諸孫幸綿綿不絕而能得先祖之心德者蔑蔑焉是何懼也且念曾祖考遺事可記者應不止一二而不肖愚頑先親在堂時未能歷歷奉稟又今諸父不在何所從而聞之命龍居憂病痼且死恐後生於先代行蹟益復眛眛不如命龍之粗知萬一也謹錄所嘗略聞先親者以示子孫焉

庚子四月十日曾孫命龍謹識

5) 의사(義士) 김득성(金得聲) 유사(遺事) 서(序)

성균진사(成均進士) 김정근(金正根)

우리나라가 옛날 예의지방(禮義之邦)이라 일컬은 지 400년이 되었다. 예(禮)와 의(義)로 인물을 배양한 나머지 충신(忠臣)과 의사(義士)가 국가가 어려움에 처했을 때 수목처럼 많았으나 겨우 그 이력이 후세 천하에 알려진 사람은 어찌 그 집안에만 한정되어 있겠는가? 혹은 이들이 많이 충의를 실행하였어도 그 이름은 초야에 묻혀버리고 만다. 우리 영가(永嘉)의 김공(金公)같은 이가 바로 이와 같다.

공의 휘(諱)는 득성(得聲) 자는 진원(振遠)으로 그 선조는 나와 같은 족보에 들어있다. 그의 아버지 휘는 헌복(獻復)인데 1618년(광해10 무오)에 무과에 급제하여 관직이 훈련원(訓鍊院) 주부(主簿)에 이르렀다. 홍공(洪公) 호(鎬)와 좋은 관계였는데 혼암한 조정(광해군 폐모론이 대두될 시기)을 간과하지 못하고 홍공이 주부공에게 말하기를 “천지는 꽉 막히고 해와 달은 경위를 잃었으니 사군자(士君子)가 조정에서 벼슬할 때가 아니다. 내 장차 숨어살려 한다. 그대는 나를 따르겠는가?” 주부공이 강개하여 서울에서 다시 벼슬을 하려하지 않았다. 1621년(광해13 신유) 홍공을 따라 태백산중(太白山中)에 들어가 소천리(召川里) 나계(蘿溪) 안상(岸上)에 작은 암자(庵子)를 짓고 세상사와 인연을 끊고 소나무, 등넝쿨, 물과 돌 사이에 꼬불꼬불 뻗은 길을 걸으면서 유유자적하였다. 1623년(계해년) 인조반정 이후 비로소 이곳에서 나와 조정에서 벼슬하였다. 그 후 종제(從弟) 득몽(得夢)이 득성(得聲)의 뒤를 이어 1648년(무자)에 무과에 등과하고 조카 시준(時儁)이 이른 시기에 진사 급제하고 우준(宇儁)이 생원 진사 양시(兩試)에 급제하니 명성이 커서 사람들이 칭송하였다. 이는 자손들이 가정의 훈계를 잘 이어 받았음을 미루어 알 수 있다. 1624년(갑자) 역적 이괄이 경성을 압박하여 오자 공이 군사를 거느리고 안현(鞍峴) 전투에 참여하여 공을 세워 2등공신이 되었다. 병자년(1636) 청나라 군사가 남한산성을 에워싸자 공이 기고별초장(旗鼓別抄將)으로써 비분강개하여 스스로 군사를 요청하여 전쟁에 참가하였다. 무주(無住) 홍공(洪公)이 서한을 그 대인(獻復)에게 보내서 매우 가상(嘉尙)하다고 하였다. 장병들이 서쪽으로 행군하여 경기도 광주(廣州) 묵방(墨防)에 도착하여 1군이 밥을 지어 먹으려는데 밥이 다 되기도 전에 여러 사람들이 동요하지 않아도 될 일에 동요하기 시작하였다. 이에 공이 곧 의진(義鎭)을 쳐서 안정시켰다. 이날 쌍령(雙嶺)에 도착하니 청나라 기병이 남쪽에서 곧바로 영벽(營壁)으로 쳐들어 왔다. 기고장(旗鼓將)인 내가 전봉(前鋒)에 섰다. 청군(淸軍)의 화살이 비같이 쏟아지는데 뒤돌아 볼 여가도 없이 앞으로 뛰어 나아가 크게 싸움을 벌려 청군의 전봉을 베고 결사적으로 도전하였으나 힘도 떨어지고 전세도 불리해져서 고개를 들어 본진을 돌아보니 좌우에 군사는 한명도 없고 좌병사(左兵使) 허완(許完)은 이미 전사하고 대진(大陣)은 모두 무너져서 시체만 수북이 쌓여있었다. 공이 이에 말고삐를 돌리고 등자를 밟아 3겹 포위망을 빠져 나가며 막으려는 청장(淸將) 세 명을 참수(斬首)하였는데 7기가 눈 덮인 산위로 올라오고 있었다. 공은 칼을 두드리며 노래하기를 "문득 안마(鞍馬)가 나타나서 다른 사람이 탔구나." 하며 탄식하니 이것은 조자룡(趙子龍: 촉나라 장군)의 담략일 뿐만 아니라 남제운(南霽雲: 당나라 장군)의 혈전(血甎)으로 화살과 싸우는 것과도 같은 의렬(義烈)이다. 한 사람의 외로운 충신이 나라에 보은코자하나 설 자리가 없었다. 어버이를 떠나 효도하기만 생각하다가 죽음의 고비를 빠져 나왔으니 더욱 간절하여 드디어 조령을 넘어 야밤중에 집에 도착하니 집안 식구들이 이미 전사하였을 것이라 생각하고 상청을 차려놓고 곡을 하고 있었다. 아 국가적으로 어려운 시기에 태어나서 여러 번 사지(死地)를 밟았다. 전번은 이괄의 반역변란에 훈공(勳功)을 세웠고 이번은 강력한 청군진영에 갇혔다가도 온전하였도다. 때에 따라 행복과 불행이 있었으니 모두가 하늘의 뜻이 아닌 게 없다. 어찌 지내온 내력을 보면 그런 것이 없다고 하겠는가? 공은 순수한 효성을 다한 사람이다. 무릇 평생의 행적을 비록 말로 다 할 수 없고 귀로 듣고 눈으로 본 것을 대체적으로 줄여 기술하면 편모(偏母)를 잘 모셨으니 왕상(王祥)의 효(孝)를 다하였고 여러 동생을 사랑함은 설포(薛包)의 우애(友愛)에 부끄러움이 없었다. 곧 효행(孝行)은 백행(百行)의 근원(根源)이며 우애(友愛)또한 효를 행하는 단초(端初)이다. 공은 모두가 천부(天賦)적인 마음에서 우러난 것이므로 종말에는 국가를 위하여 이 같이 드높은 공을 세웠으니 소위 충(忠)을 구하려거던 반드시 효(孝)에서 구하라 하는 말이 믿어지지 않는가 그렇잖은가? 공은 오로지 무(武)에만 뛰어난 것이 아니라 어릴 때부터 문예(文藝)에도 박식하였다. 병난을 겪는 나머지 후세에 많이 전해지지 않았지만 역사와 전기에 대한 깊은 뜻, 상례(喪禮)의 절차와 같은 것은 모두 이치를 깊이 이해하며 후학들에게 전한 참으로 문무를 겸수한 인물이다. 공의 남긴 상자에는 용연검(龍淵劍)과 야광주(夜光珠)가 있었는데 자손들이 대대로 이러한 물건들을 잘 보관하고 있다. 우리 동방에서는 보지 못했던 물건들이다. 하늘이 없었다면 중요한 물건이 공의 손에 떨어질 수 없었을 것이다. 공이 표(表)를 지어서 당일의 일을 실증하였으니 외롭고도 애석하다.

하늘은 진실로 공의 충(忠)을 알고 사람들은 공의 사적을 알지 못 한다. 오늘에 이르기까지도 그 자취가 묻혀있으니 한탄하지 않겠는가? 오늘 공의 후손 대에 와서 나에게 몇 줄의 실기문을 청하였으니 나 역시 늦게 태어나서 공의 사적연대를 상세히 알지 못하고 또한 늙어 8~90이 되어 어찌 감히 청에 승당(承當)하리오. 다만 공의 조카 수서옹(水西翁)의 유기(遺記)를 참고로 차례대로 전말을 적어 감개(感慨)한 회표를 말한 것이다.(洛北公 遺稿)

泯

淺淺而莫之顯良可悲夫而就公平生遺子孫書攷之則勤勤屢百言無非出於追先貽後之徽謨懿範而永有辭於孝子里中克肖孫矣嗚呼此可以想公之髣髴否乎姑以此書之使刻諸墓石

當亏 樂天堂宗中

義士金聲得遺事序

吾東古所稱禮義之邦四百年培養之餘忠臣義士之臨難樹慬永有辭於天下後世者何限第於其間或多有抱實行而名湮沒於草莽中者如我永嘉之金公是已公諱得聲字振遠其先同吾譜也其考諱獻復萬曆戊午登武科官至訓鍊主簿與洪公鎬善

反

當昏朝時洪公謂主簿公曰天地閉塞日月失經此
非士君子立朝時也吾將隱矣子其從我乎主簿公
遂慨然不復求仕於京崇禎辛酉從洪公往太白山
中築小菴於召川里羅溪上謝絶世事優游盤桓於
松蘿水石之間癸亥正後始出而仕於朝其後與從
弟得夢相繼出身於庚申戊子武科其從子時儁早
年擧進士字儁俱中生進兩試連代科聲大爲一世
人所稱道其承襲家庭之業訓迪子姓之方可推而
知也甲子逆适之逼京城也公將兵赴難于鞍峴錄
勳二等丙子清兵之圍南漢也公以旗鼓別抄將奮

斬　　輒

身慷慨自請兵出戰無注洪公貽書其大人而深加嘉尚焉方其將兵而西也行到廣州墨防則一軍炊飯皆不熟衆以不憂爲憂而公輒據義鎭安之是日次于猨嶺則虜旗從南而下直擣營壁旗鼓將乃吾前鋒也虜矢如雨未暇顧回直前大戰斬虜前鋒決死挑戰力盡勢窮矯首本陣左右無兵蓋左兵使許琓已死而大陣皆潰積屍相籍矣公乃披其三匝跋馬回轡跋三將七旗跨雪上山拊劍而歎曰便有戰馬別人騎之歎此則不但爲子龍一身之膽而直與南霽雲之指血轅矣爭其烈矣一介孤忠圖報無地

雖親孝思出死更切遂開關踰嶺夜半到家則家人
度已戰止設奠哭之云噫公生丁不辰屢蹈死地前
乎樹勳於亂逆之變後乎全軀於強虜之陣雖時有
幸不幸而莫非天也豈無所從來而然耶公是純孝
至行人也凡其平生行與事雖不能盡言而以耳目
之所覩記略舉其大體而論之奉偏慈而能盡王祥
之孝愛諸弟而無愧薛包之友則孝是百行之源也
友亦孝之推也公蓋本之天賦因之心得而末乃為
國家所樹立如彼其卓卓則夫所謂求忠必於孝者
不其信然乎公不獨藝於武也自少博於文兵亂之

餘雖未克多傳於後而至如史傳與義喪禮等節俱是推心得而傳後學者則實所謂真箇兼備人也公之遺篋中有龍淵釼火光珠而子孫世守之此等物吾東方所未見者也無乃天以無脛之物授之公俾作表公當日事之實證耶獨惜乎天實知公之忠而人未及知公之事至于今泯其跡焉則豈不誠慨然也哉今公之後承來請數行記實之文於余余亦生之晩也未及詳知公之事蹟年又老而髦顧何敢承當而只憑公之從子水西翁遺記略次顚末聊寓感慨之懷云爾

6) 신안도회(新安都會) 무과별시(武科別試) 계축(契軸) 발문(跋文)

오른쪽은 할아버지 주부공(主簿公)이 차비관(差備官)으로써 무과별시(武科別試)를 감독한 계축(契軸)이다. 당시에 장군에게 명하여 즉 병조참의(兵曹參議) 김휘(金徽)와 나머지 부시관(副試官) 313인이 참여하였다. 내가 아버지로부터 듣기를

아버지께서 일찍이 신안도회별시(新安都會別試)에 차비관(差備官)이 되셨는데 신안은 지금의 성주(星州)이다. 시험장을 설치하려는데 무사(武士)중에 허가되지 않은 서예(庶裔) 한 사람이 시험에 참가하였다가 그 일이 발각되었다. 참의공(參議公)이 서리(胥吏)들에게 공사(供辭)를 작성케 하였더니 서리가 공사 1장을 써서 올리었다. 공이 말씀하시기를 "공사가 번거로우니 문장을 산정(刪定)하라"고 하니 반장으로 줄이어 올렸다. 또 공은 "다시 줄이라"하니 서리들이 붓을 잡고 적당한 문장을 배치하지 못 했다. 이때 아버지께서 이 서리에게 "너 어째서 못하는가?"하고 "서얼(庶孼)이라 허락받지 않고 시험장에 남입(濫入)한 죄를 아는가..."로 쓰게 하였더니 참의공이 주의하여 보다 칭찬하기를 "공사의 뜻을 줄인 것을 보니 차비관은 문무를 구비한 사람이라 하겠다." 이때부터 예우(禮遇)를 깎듯이 하였

다. 공이 경상도관찰사가 되었는데 손발톱이 일그러지는 병을 얻었다. 안동에 도착하자 병이 더욱 심하였다. 아버지께서 밤낮으로 병세를 지켜보았다. 그가 세상을 뜨자 돈상(敦喪)을 치렀다. 몸소 염습(殮襲)을 하시는 등 정성을 쏟았는데 이는 지우(知遇)에 대한 은혜를 갚음이다. 내가 듣고 배운 것들을 조심스럽게 적는다. 이에 얕은 이야기라 유감스럽다.

무릇 신안에서 과장을 설치한 것은 실로 1619년(명 만력47)이다. 이해에 명나라 결략(經略) 양호(楊鎬)가 3로의 군병을 독촉하여 만주의 후금(後金)을 토벌하려 하였다. 우리나라는 도원수(都元帥) 강홍립(姜弘立)을 파견하여 협격(挾擊)하였으나 도전(都戰) 유정(劉綎)은 패사(敗死)하고 강홍립은 중군병(中軍兵)을 들어 청군에 항복하고 좌영장(左營將) 김응하(金應河)는 온 힘을 다해 싸우다 전사하였다. 그 후 18년인 1636년(인조14 병자) 청군(淸軍)이 남한산성(南漢山城)을 에워싸고 강화(江華)방어가 실패하여 산하가 청군의 군마에 짓밟히자 혈기(血氣)가 있는 자라면 어느 누구인들 가슴아파하지 않았겠는가? 이제 들으니 조정(朝廷)에서 대경설과(大慶設科)를 한다하였는데 이것이 곧 신안고사(新安故事)이다 내가 주시자(主試者)는 알지 못하나 충의사(忠義士)를 얻을 수 있었는데 김응하(金應河)와 같은 사람이다 그는 우리 산하(山河)의 수치스러움을 씻어내지 않았는가. 조심스럽게 소감을 적어 축미(軸尾)에 붙이고 스스로 본다.

무자년(1648)10월23일 손자 명룡(命龍) 삼가적다.(安東金氏世譜 司果公派譜)

新安都會武科別試契軸跋

右先祖考主簿公以差備官監武科別試時契軸也當時命將帥兵曹參議金公徽其餘參副試官凡三百十三人命龍聞之先親曰先考嘗爲新安都會別試差備官新安今之星州也方其設場也武士有庶裔一人未許通而赴擧事覺參議公使吏作供辭吏書進一張紙公曰辭繁可刪之書進半張紙公曰又刪之吏操筆不知措辭先考呼謂吏曰汝何不曰未許通庶孼濫入場中知罪云耶公屬目稱賞曰辭約意盡君可謂文武備具者也自是時加禮遇及公爲嶺伯嘗捫席剌入爪甲至安東病甚先考日夜守視其沒也爲之敦匠身自襲斂盖爲有知遇之恩也命龍膂教而謹識之仍於是軸竊有感焉夫新安設科實萬曆四十七年己亥也是年皇明經畧楊鎬督三路兵討滿洲虜我國遣都元帥姜弘立挾擊都戰劉綎敗死而弘立擧中軍兵降虜左營將金應河力戰死之其後十八年崇禎九年丙子淸人圍南漢而江都失守凡有血氣者孰不爲之痛心哉今聞朝廷用大慶設科便是新安古事也吾未知主試者能得忠義之士如金應河者以洗我山河之羞耶謹書所感於軸尾以自觀焉戊子十月二十三日孫命龍謹識

7) 발미부록(跋尾附錄)

예부터 충신(忠臣)과 의사(義士)로 앞에서 국난을 구한 자는 대개 재야(在野)에서 나왔다. 정려(旌閭)나 포상(褒賞)도 없고 이름이나 아름다운 덕행도 묻혀버리고 말았다. 김공(金公) 득성(得聲)이 그러한 사람이다. 듣자하니 공은 무인으로 일찌감치 무과에 등제하여 역적 이괄이 경성(京城)을 압박하자 안현(鞍峴)에서 힘껏 싸워 2등공신에 책록(策錄)되었고 1636년(병자)에 청군(淸軍)이 남한산성(南漢山城)을 에워쌌을 때에는 비분강개하여 전쟁에 나가 싸우기를 청하였다. 무주(無住) 홍공(洪公)이 매우 가상히 여기었다. 어느 날 관아에서 별초기고장(別抄騎鼓將)으로 군사를 모집하여 거느리고 경기도 광주(廣州) 쌍령(雙嶺)에 도착하여 청군을 만나 싸움을 하여 3장(三將) 7기(七騎)를 참수(斬首)하니 포위망이 뚫려 산으로 올라가니 청군이 따라오지 못했다. 군세(軍勢)의 강약으로 말한다면 모든 면이 약세였으나 죽음을 각오하고 먼저 산에 올라 막 바로 선군봉을 제압하니 이는 조자룡(趙子龍: 趙雲)이 한 몸을 날려 위기를 모면하였음은 모두 담력이었으니 어찌 갑병(甲兵)의 힘이라 할 것인가? 드디어 조령을 넘어 집에 도착하니 집안사람들이 이미 전사하였을 것으로 생각하고 상청을 차려 놓고 울고 있었다. 아 공은 어려운 때를 만나 여러 차례 변화를 하였고 사지(死地)를 여러 차례 밟으면서 첫 번에는 역적 이괄 난에 공훈(功勳)을 세웠고 두 번째는 쌍령전에서 목숨을 보전하였으니 이는 요행이 아니라 실로 하늘이 돌봄이다. 어찌 아무 일 없이 그럴 수 있겠는가?

공의 원조(鼻祖) 태사공(太師公)은 삼한벽상아부공신(三韓壁上亞父功臣)인데 그 유풍(遺風)과 여운(餘韻)이 끊이지 않고 내려와서 공이 태어났다. 공의 아버지 헌복(獻復)은 무과(武科)에 등과하였는데 광해군(光海君)의 폐모(廢母)한 시기라서 이는 혼조(昏朝)로 출사할 시기가 아님을 규정하고 태백산중(太白山中) 깊은 곳에 들어가서 작은 집을 짓고 물과 돌길을 거닐며 살았다. 계해년(1623) 인조반정 이후 산을 내려와서 벼슬길에 나가 관직이 훈련원(訓鍊院) 주부(主簿)에 이르렀다. 또 대(代)를 이어 집안의 명성을 떨어뜨리지 아니 하였음은 물론 선열(先烈)들과 잘 화협하였으니 그 아버지에 그 아들이라 할 수 있다.

공은 어버이를 잘 섬겨서 주방에는 반드시 감지(甘旨)가 있었으며 집안에 사재(私財)를 쌓지 않았다. 형제가 다섯인데 중씨(仲氏) 이하는 모두 계모(繼母)의 소생이다. 전하는 바에 의하면 노비들을 모두 여러 동생들에게 양보하였다고 하니 비록 옛날 설포(薛包)인들 어찌 이보다 낫다 할까? 무릇 효도는 백행(百行)의 근원(根源)하였고 우애(友愛) 역시 효도의 근저(根底)에서 나온다고 하였다. 공은 모두 천부(天

賦)적인 것이지 애써 노력한 것이 아니다. 필경 국가를 위해 저와 같이 탁월한 공을 세웠으니 소위 충신을 구하려면 효자의 집안에서 구하라는 말이 어찌 허언(虛言)이리오.

공은 무용(武勇)만이 뛰어난 것이 아니고 문예(文藝)에도 뛰어났는데 지금 서독(書牘: 편지)이 유집(遺集)에 조금밖에 남아 있지 않으니 애석한 일이다. 누실(漏失)된 것이 많지 않았다면 사전(史傳) 오의(奧義) 상제(喪祭) 등 의절(儀節)이 모두 자손들에게 넓게 교육되어 지금까지 준수되었을 것이다. 공은 참으로 모든 것을 갖춘 사람이었다. 본가(本家)에 보주(寶珠) 한 쌍, 보검(寶劍) 한 자루가 있었는데 이는 청군(淸軍)의 물건 같다. 쌍령전투에서 얻은 것이라고들 하더라.

아 공은 특별히 어수선한 때에 경위가 없는 물건을 구할 리가 없는데 있는 것이 또한 이상한 일이다. 대저 쌍령전투에서 살아 돌아온 사람이 많지 않는데 장졸중(將卒中)에 어찌 기록이 없을까? 이 전쟁이 있은 지 오래되어 전쟁에 대한 기록은 남긴 자가 없고 저 또한 공의 공적에 대하여 어두우니 이제 공의 후손의 소매 자락에서 꺼내 보인 것인데 공의 조카 수서옹(水西翁) 시준(時儁)의 기록을 내어 보이며 두어 줄의 글을 청해에 와서 되돌아보니 학식이 얕고 나이 또한 80에 가까우니 어찌 감히 이런 문장을 감당하리오마는 구의(舊誼)를 생각하니 떠오르는 생각들을 잊을 수 없어 거친 문장으로 대충 써서 만일에 대비코자 한다.

병인년 2월 하순(下旬)

장사랑(將仕郎) 전행숭릉참봉(前行崇陵參奉) 안명술(安明述) 삼가 발(跋)을 짓다.(安東金氏世譜 司果公派譜)

跋尾附錄

自古忠臣義士挺身赴難者多出於草莽中苟無旌褒之典則芳名懿德未免湮沒如永金公得聲是已嘗聞公以武人早捷虎榜方逆适之危逼京城也力戰鞍峴錄勳二等逮夫崇禎丙子清人圍南漢奮身慷慨至請出戰更注洪公深嘉之一日官以別抄騎鼓將促召領軍行到雙嶺遇虜合戰斬三將七騎因潰圍上山虜不追夫以殘弱之勢言之不啻如白卯而能決死先登直拒猘鋒則子龍一身都是膽矣豈籍甲兵之力哉遂踰嶺到家家人度已戰亡設奠哭之云噫公遭時多變荐蹈死地前乎樹勳於逆适之亂後乎保命於雙嶺之戰非倖也實天也豈無所自來而然哉公曾祖 太師公為三韓壁上功臣其遺風餘韻永世不斬至生公大人獻復登武科當昏朝廢母之時深入太白山中築小菴盤旋於水石之間癸亥返正後始出仕官至訓鍊主簿公又繼世而出能不墜家聲允咋先烈可謂有父有是子矣 公善事親厨必具甘旨家不畜私財兄弟五人仲以下皆繼母出也所傳臧獲盡讓諸弟雖古之辭邑何以加焉夫孝者

百行之源也友亦孝底做來 公盖得之天賦不待勉強者而畢境
爲國家著樹立如彼卓卓則所謂求忠臣必於孝子之門者豈虛語
乎 公不惟武勇過人又長於文藝今其書牘留在遺集者捴若干
言惜乎其漏失無多也至如史傳粤義喪祭等節莫不博通教授子
姓至今遵守之公眞介具備之人矣本家有實珠一雙寶釼一柄似
是清人之物而赴難時所得云噫 公非玩好人也得之焉用而特
其搶攘之際無脛之物不求而自至者亦異矣大抵雙嶺之難生還
者寡許多將卒中豈無可誌之行而年深歲久傳者無之不侫亦昧
然於 公蹟及今 公之後承葷袖示 公從子水西翁時儁之記
因請數行文盛矣哉顧以末學淺見年且迫八何敢當此等文字而
追念舊誼不能無感忘其孤陋略書萬一云
歲在丙寅仲春下澣將仕郎前行 崇陵叅奉安明述謹跋

8) 영가선기사(永嘉仙記事)

우리 당숙(堂叔)의 휘는 득몽(得夢)이다. 1648년에 무과에 급제하고 북방 박천(博川) 방위(防衛)에 근무하였는데 어떤 관기(官妓)를 가까이 하여 정을 쌓아왔다. 1650년 봄 방위의무를 마치고 돌아올 때 그 관기가 울면서 말하기를

"소첩(小妾)이 회임을 하였는데 아이가 태어나면 이름을 어떻게 지을까요?"

라고 물으니 공이 대답하기를 "남자아이가 태어나거든 화산(花山)이라 하고 여자아이가 태어나거든 영가선(永嘉仙)이라 하게."라고 하였다. 화산이나 영가는 모두 안동(安東)의 별호(別號)이다. 3년이 지난 임진년(1652)에 공이 서세하고 그 후 4년 을미년(1655)에 집안사람이 그 관기가 공에게 부친 편지를 받았는데 모년일(某年日) 딸이 태어났는데 이름은 영가선이라 지었다고 하였다. 듣는 이들이 슬퍼하였다. 1690년 내지 1691년 사이에 우리 족친인 김공(金公) 수조(壽祚)가 고산첨사(高山僉使)가 되어 박천군수(博川郡守)를 맞이하여 술을 마실 때 우두머리 기생이 앞에 있어 그 이름을 물으니 "영가선입니다."고 하였다. 첨사가 취중에 "영가선이라 영가선"이라고 자꾸 되뇌자 영가선이 "장군은 어찌하여 영가를 거듭 말씀하십니까?" 하니 첨사가 대답하기를 "나 또한 영가사람이다. 안동이 영가이

다."라고 하였다. 영가선이 눈물을 흘리면서 첨사에게 "저의 아버지는 안동 김모(金某: 得夢)입니다. 아버지의 수적(手蹟)이 집에 있습니다." 하고 곧장 집에 가서 수적을 가져와서 보이었다. 이것이 당숙(堂叔)이 영가선의 어미에게 남겨 준 수적이었다. 화산(花山) 영가선(永嘉仙)이라는 글자가 있고 그 옆에 성명(姓名)과 거주(居住)를 썼다. 첨사가 말하기를 "나와 너는 같은 성이다. 내가 미처 너의 아버지를 만나보지 못했구나. 그러나 나와 일가이니 나를 매우 즐겁게 하는구나!" 영가선이 기뻐하기도 하고 슬퍼하기도 하는 것이 아주 가까운 친지같이 보였다. 첨사가 이상하게 여겨서 다른 기생에게 물었더니 대답이 "영가선이 늘 안동 사람이라 일컬으며 이웃 사람들도 그 집을 안동집이라 부릅니다."고 답하였다. 첨사가 만기가 되어 고향으로 돌아와서 부성(府城)에서 만났는데 나에게 이와 같이 전해 주었다. 또 말하기를 "영가선이 늘 나의 고산진(高山鎭)을 왕래하였는데 내가 그 뜻을 가련하게 생각하여 후하게 대해주었다. 또 그 행수(行首 우두머리 기생)의 연회비(宴會費)도 도와주고 만기로 고향으로 돌아 올 때는 곡식 10여석을 주고 왔다."고 하였다.

1693년 봄 둘째 동생(東儁)이 회시(會試)를 보러가 일가 김공(金公) 하형(夏亨)을 북의동(北義洞)에서 만났는데 마침 박천으로 간다는 무인(武人)을 만나 그 편에 편지를 보냈다. 그 뒤 소식이 묘연하여 들은 바가 없다. 지금 계산해 보면 영가선의 나이 71세인데 살아있는지 죽었는지 알 수가 없다. 영가선은 태어나서 아버지의 얼굴을 모르면서도 아비의 고향이 안동이라 하여 안동인으로 자처하며 아비의 고향사람을 만나면 처음 같은 성인지 알지 못하면서도 아버지를 생각하여 그 마음을 모아 슬프고 기쁨을 이기지 못 하였으니 이와 같은 지극한 효성이면 하늘이 낸 성품이 아니겠는가? 남북이 너무 거리가 멀어 부득이 서로 소식을 듣지 못하였다. 영가선은 자식이 없다고 하더라. (수서문집(水西文集) 잡저(雜著)에서)

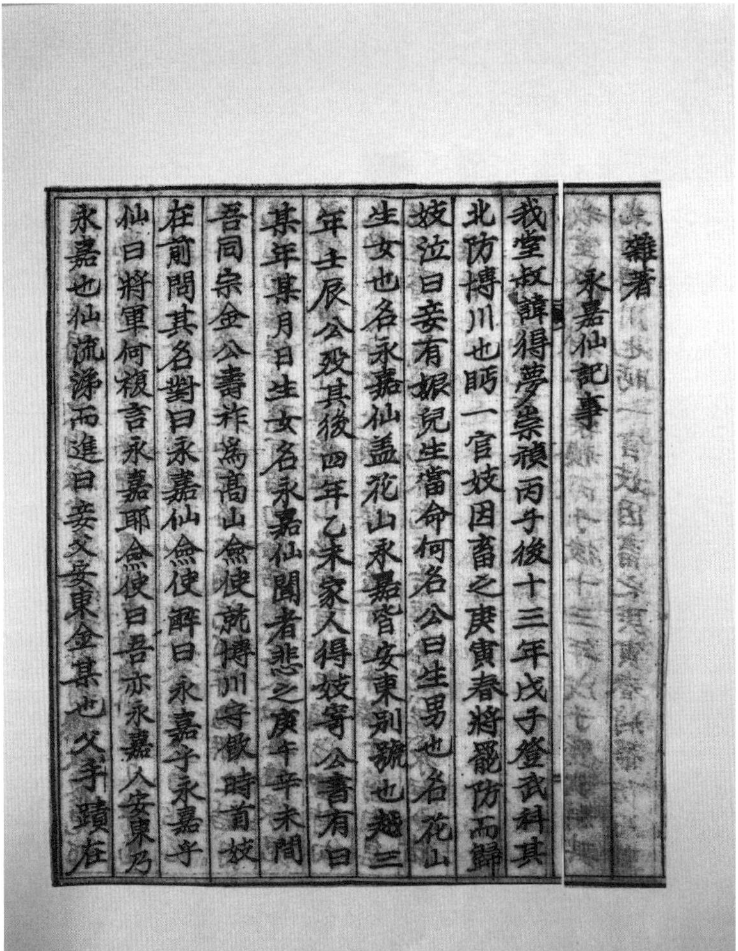
雜著

永嘉仙記事

我堂叔諱得夢崇禎丙子後十三年戊子登武科其北防搏川也眄一官妓因畜之庚寅春將罷防而歸妓泣曰妾有娠兒生當命何名公曰生男也名花山生女也名永嘉仙盖花山永嘉皆安東別號也越三年壬辰公歿其後四年乙未家人得妓寄公書有曰某年某月日生女名永嘉仙聞者悲之庚午辛未間吾同宗金公壽祚爲嵩山僉使就搏川守歟時首妓在前問其名對曰永嘉仙僉使訝曰永嘉乎永嘉乎仙曰將軍何複言永嘉耶僉使曰吾亦永嘉人安東乃永嘉也仙流涕而進曰妾父安東金某也父手蹟在

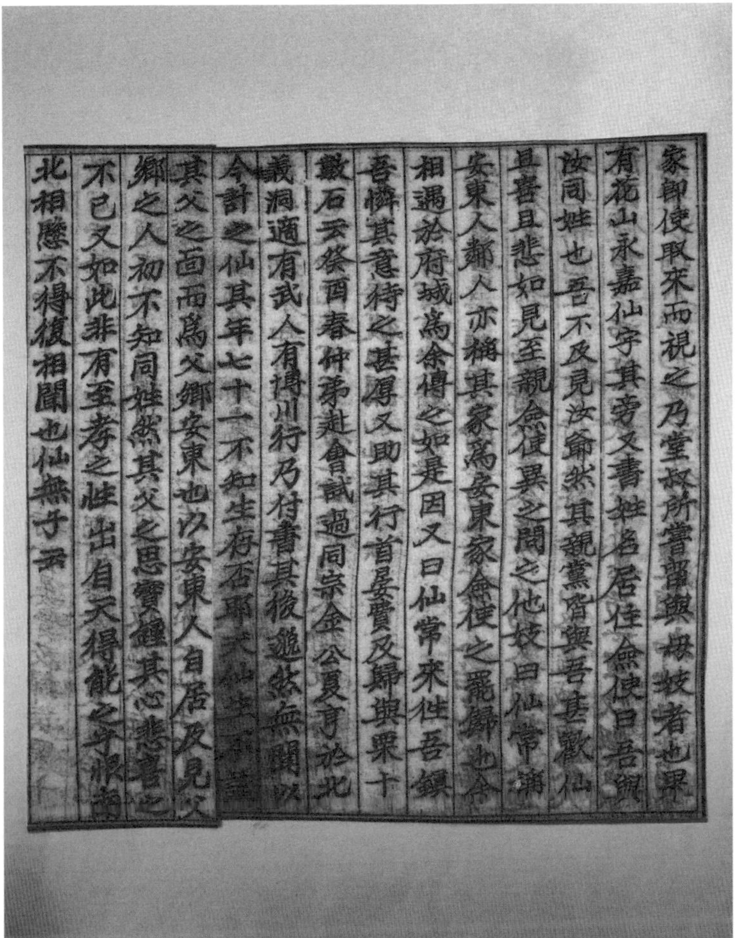

家即使取來而視之乃堂叔所嘗畜與毋妓者也畀
有花山永嘉仙字其旁又書姓名居住僉使曰吾與
汝同姓也吾不及見汝爺然其親黨皆與吾甚歡仙
且喜且悲如見至親僉使異之問之他妓曰仙常稱
安東人鄭人亦稱其家爲安東家僉使之罷歸也令
相遇於府城爲余傳之如是因又曰仙常來往吾鍜
吾憐其意待之甚厚又助其行首晏賷及歸與粟十
斛石云癸酉春仲弟赴會試過同宗金公夏育於北
義洞適有武人有博川行乃付書其後邈然無聞以
今計之仙其年七十一不知生存否耶[illegible]
其父之面而爲父鄉安東也以安東人自居及見父
鄉之人初不知同姓然其父之思實纏其心悲喜之
不已又如此非有至孝之性出自天得能之乎[illegible]
北相懸不得復相聞也仙無子云

9) 쌍령패군후기사(雙嶺敗軍後記事)

옛말에 군부대가 있던 곳에는 가시도 돋아나지 않는다는 말이 있다. 쌍령 전쟁터를 살펴보면 믿어진다. 일찍이 장노(長老)들의 말을 들으면 병자호란(1636)때의 일을 말하기를 쌍령의 패전의 여운이 남아 멀리서 바람소리가 들려도 길에 가득히 왁자지껄하던 패전병의 모습이 조령(鳥嶺)을 넘으면서 흩어졌다. 또 들으니 쌍령의 병사들이 패전하자 영남(嶺南) 지역의 마을에는 해가 서쪽으로 기울어 저녁이 되면 산 그으름을 따라 음지가 된 곳에서부터 탕탕하는 도끼질 소리가 끊이지 않았다. 잠시 후에 나무를 베어서 땅에 누이는 소리가 밤을 새워 새벽까지 갔는데 온 겨울을 넘기고야 그치었다. 백성들은 영남좌병사(嶺南左兵使) 허완(許完)이 쌍령에 유주(留駐)하면서 나무를 베어서 목책(木柵)을 만들어 진영을 굳건히 하려고 하고 또 바람을 막으려는 것으로 생각하였다. 그때 나무를 베는 귀신이 이와 같았다고 하더라. 또 쌍령패전 당시 사졸(士卒)의 태반이 목책(木柵)에 막히어 죽고 북쪽 산기슭의 큰 바위 아래에 있는 깊은 소(潭)에 빠져 죽었는데 그 수는 셀 수 없이 많았다. 내가 그 곳에 갔을 때 서쪽 여러 도를 노니다가 쌍령에 도착하여 전쟁터(戰場)를 살펴보았는데 담수(潭水)는 저여(沮洳)로 변하였고 북쪽기슭 바위는 아직 그대로 있었다. 옛 일을 회상하며 배회하기 오래되었으나 떠날 수가 없었다. 이로써 임진년(1592) 왜구의 난리 7년이 끝나고 정묘년(1627)에 와서 청인들이 남쪽으로 내려 왔으나 요행히 화의를 맺고 돌아갔다. 그러나 양서(兩西)지역은 약탈(掠奪)을 당하였다. 병자호란(1636)에 이르러서는 강화천험지(江華天險地)가 나라의 보장(堡障)이 되지 못하고 마침내 국왕마저 피난길에 나셨으니 산하마져 부끄러워하던 그 시기 쌍령의 변이 곧 이때이다. 지금 그 전쟁터는 눈뜨고 볼 수 없을 정도로 쓸쓸하여 물이 연기와 구름이 되고 수심으로 변하였다. 아아 하늘이여 시간이여 기수(氣數)를 억제하여 그렇게 된 것이 아닌가. 원기(冤氣)가 쌓이고 쌓여 가시도 돋아나지 못한다는 말이 옳을 것이다. 이번 일로 강역(疆域)은 걱정이 없으나 삼남(三南)지역 같으면 오직 쌍령 폭골(暴骨) 이외에는 다른 사람들이 알지 못하고 이미 100년이 지났으니 이는 참으로 백성을 살릴 조정의 계책이 있는가. 그러나 북관(北關)의 백성들이 배를 타고 남쪽으로 옮겨온 자가 몇 배 호인지 알지 못한다. 전해 온 밀에 근세에 청인(淸人)들이 선춘령(先春嶺)을 넘어 두만강(頭滿江) 가까운 곳에 모막(毛幕)을 짓고 조금씩 조금씩 서로 연락을 한다고 하였다. 또 말하기를 북인(北人)들은 북관(北關)은 응당 다시 말갈(靺鞨)의 땅이 되어야 한다면서 태백산(太白山) 아래에 병난(兵亂)을 피할 곳이 있다하여 이사를 오는 것이다. 무릇 현명한 사람은 무형(無形)을 본다, 오늘의 국가근심은 모든 면에 먼저 몇 가지 조치가 있어야 하니 쌍령으로 감계를 삼아야 할 일이다.

경자년(1720) 10월1일 시준(時儁) 쓰다.

(수서문집(水西文集) 잡저(雜著)에서)

雙嶺敗軍後記事

古語有之師旅所處荊棘不生竊於雙嶺之戰場信然
嘗聞長老說丙丁時事云雙嶺之軍敗也有氣若風
聲自遠而至喧囂載路作行軍狀過鳥嶺乃散又聞
雙嶺軍既敗而嶺南村落日將西夕則斧聲從山發
先陰處起丁丁不已似有伐木倒地聲徹夜至曉輒
餘乃止人以爲嶺南左兵使許頊駐兵雙嶺構木爲
柵以自固因又避風其時伐木之鬼如此云又聞雙
嶺軍敗之時士卒太半阻木柵而死將死於北巖岩
下之深潭者又不可勝數余往時陵割而過累道於
雙嶺見所謂戰場者潭水化爲沮洳北麓巖石猶在
也撫古徘徊久而不能去余又因此而竊念之壬辰

青衣之亂七年乃定及至丁卯虜馬南牧幸而爲約
而歸然再西寇其搶掠又至於丙子則江都天險不
能爲國家之堡障而卒至於社稷蒙塵山河帶羞雙
嶺之變卽其時也今其戰場極目蕭條水爲之咽雲
爲之愁噫噫天耶時耶抑氣數使然耶冤氣所積雖
謂之荊棘不生可也迺者疆域無虞而若如三南惟
雙嶺暴骨之外人不知兵已過百年此誠 廟謨有
在生民賴之然北關之民浮海而南徙者不知其幾
百家傳言近歲淸人踰先春近豆滿㹅幕稍稍相連
又言北人云北關當復爲靺鞨之地太白山下可以
避兵故徙來夫明者見於無形爲今日國家憂者庶
有以先幾而以雙嶺爲戒哉庚子十月一日書

4. 선육세묘표(先六世墓表)

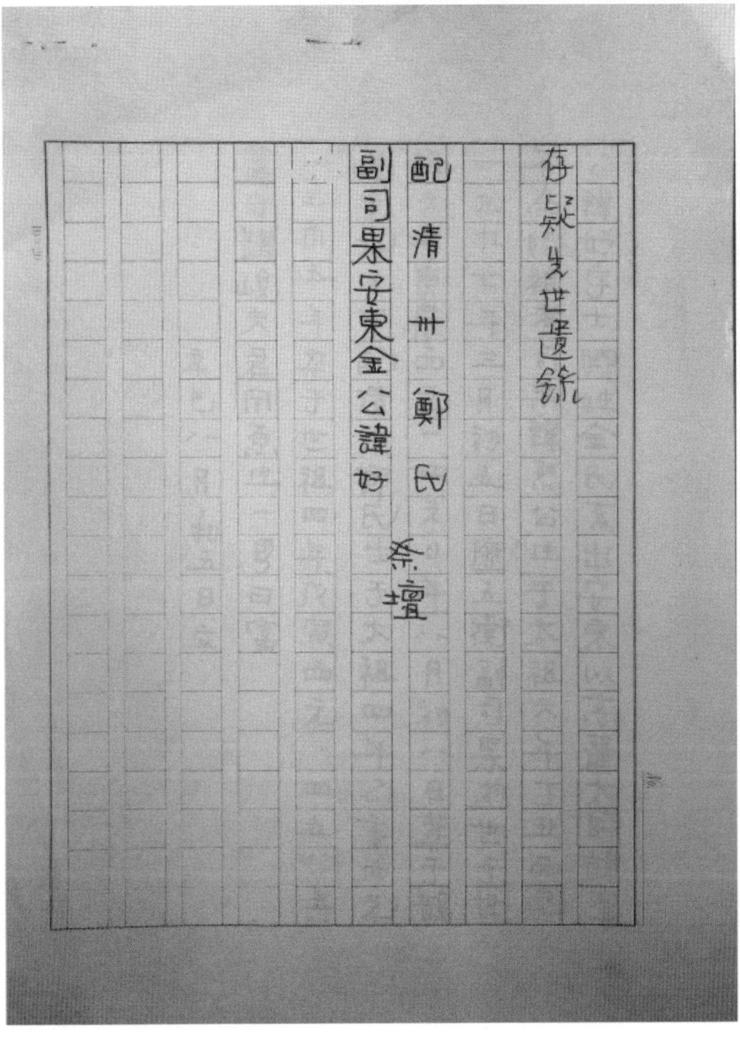

存疑先世遺錄

配淸州鄭氏

副司果安東金公諱好

祭壇

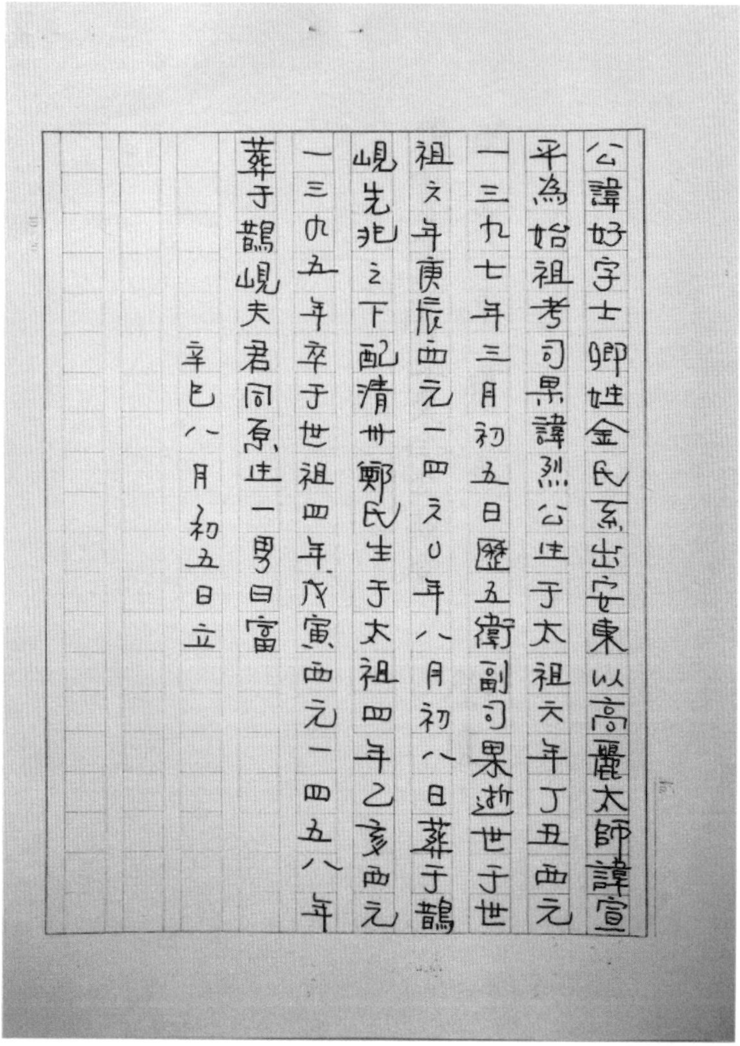

公諱好字士卿姓金氏系出安東以高麗太師諱宣
平為始祖考司果諱烈公生于太祖六年丁丑西元
一三九七年三月初五日歷五衛副司果逝世于世
祖六年庚辰西元一四六0年八月初八日葬于鵲
峴先兆之下配清州鄭氏生于太祖四年乙亥西元
一三九五年卒于世祖四年戊寅西元一四五八年
葬于鵲峴夫君同原生一男曰富
辛巳八月初五日立

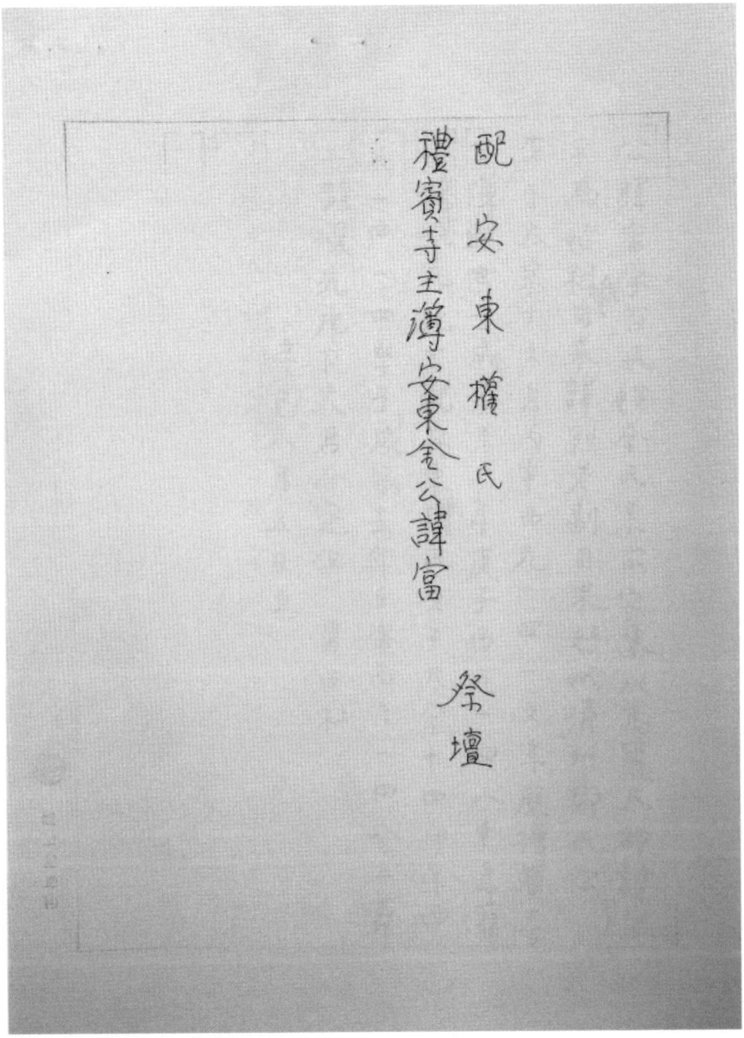

配安東權氏

禮賓寺主簿安東金公諱富

祭壇

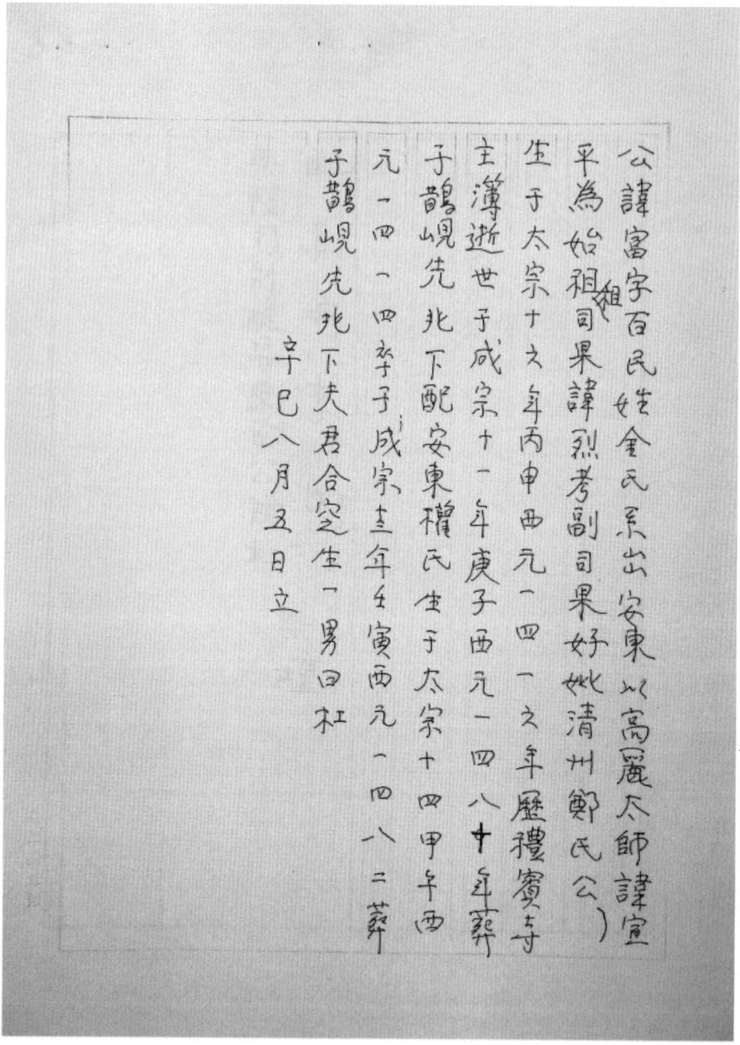
公諱富字百民姓金氏系出安東以高麗太師諱宣
平為始祖祖司果諱烈考副司果好妣清州鄭氏公
生于太宗十六年丙申西元一四一六年歷禮賓寺
主簿逝世于成宗十一年庚子西元一四八十年葬
于鵲峴先兆下配安東權氏生于太宗十四甲午西
元一四一四卒于成宗十三年壬寅西元一四八二葬
于鵲峴先兆下夫君合窆生一男曰杠
辛巳八月五日立

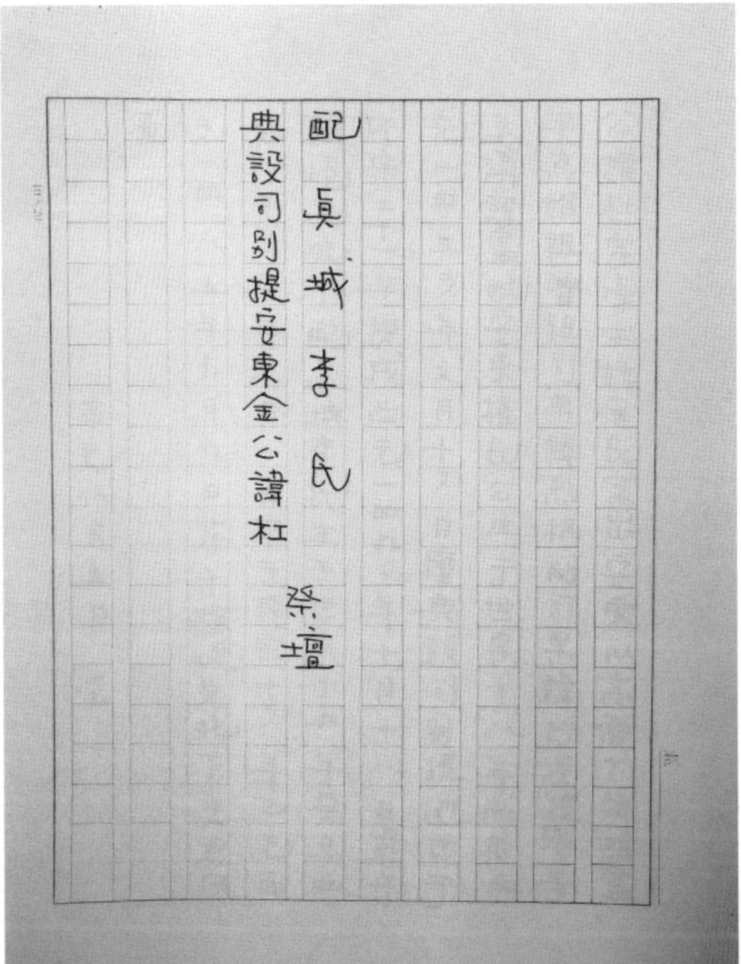

配 眞城 李氏
典設司別提安東金公諱杠
祭壇

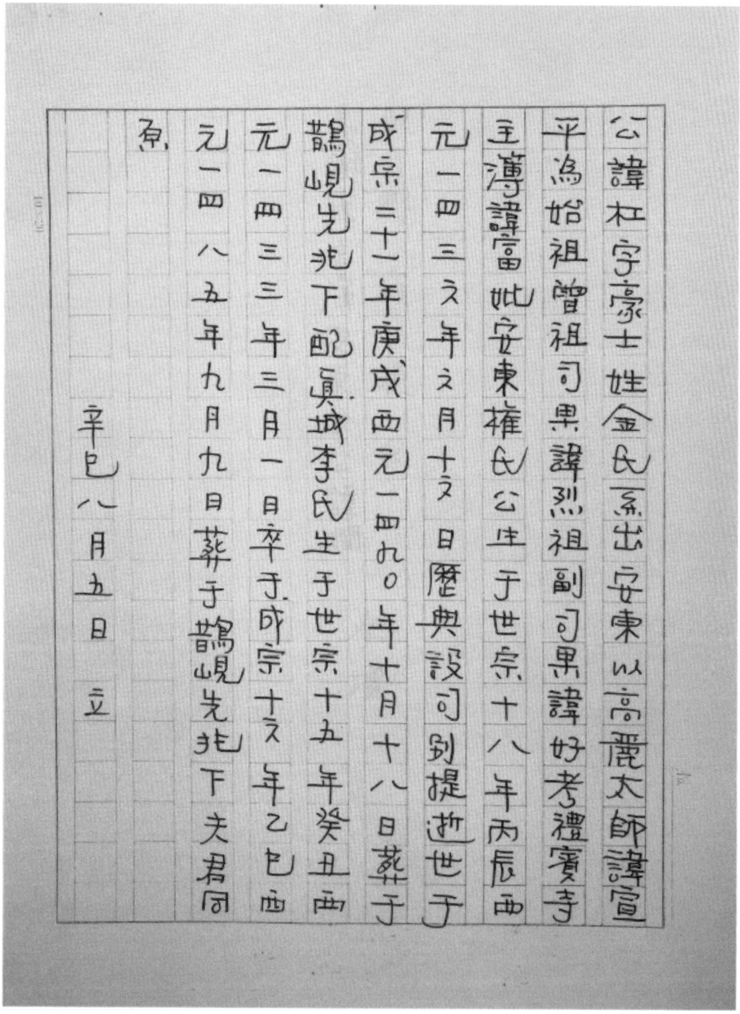
公諱杠字豪士姓金氏系出安東以高麗太師諱宣平為始祖曾祖司果諱烈祖副司果諱好考禮賓寺主簿諱富妣安東權氏公生于世宗十八年丙辰西元一四三六年六月十六日歷典設司別提逝世于成宗二十一年庚戌西元一四九〇年十月十八日葬于鵲峴先兆下配眞城李氏生于世宗十五年癸丑西元一四三三年三月一日卒于成宗十六年乙巳西元一四八五年九月九日葬于鵲峴先兆下夫君同原.

辛巳八月五日 立

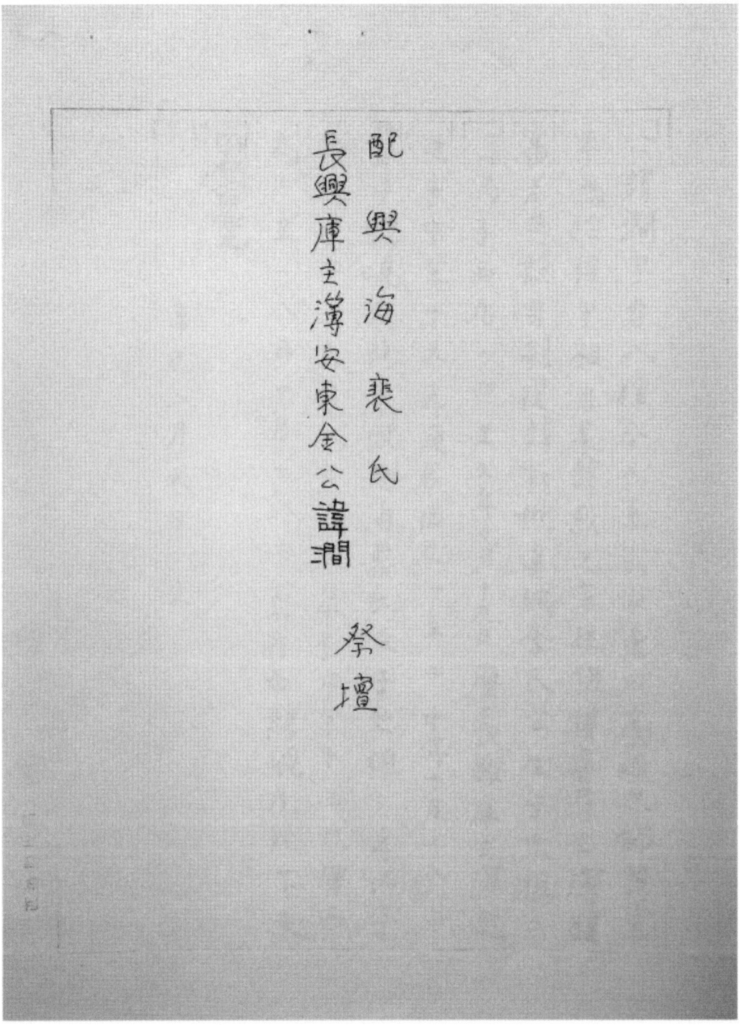

配興海裵氏

長興庫主簿安東金公諱潤

祭壇

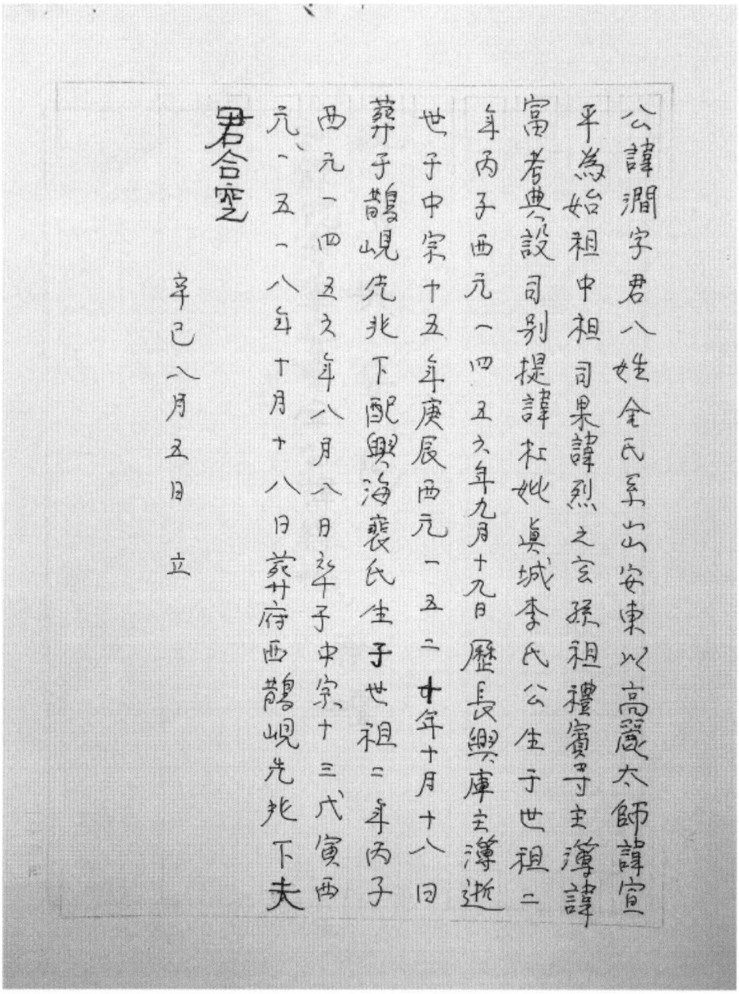

公諱潤字君八姓金氏系出安東以高麗太師諱宣
平為始祖中祖司果諱烈之玄孫祖禮賓寺主簿諱
富考典設司別提諱杠妣眞城李氏公生于世祖二
年丙子西元一四五六年九月十九日歷長興庫主簿逝
世于中宗十五年庚辰西元一五二十年十月十八日
葬于鵠峴先兆下配興海裵氏生于世祖二年丙子
西元一四五六年八月八日卒于中宗十三戊寅西
元一五一八年十月十八日葬于府西鵠峴先兆下夫
君合窆

辛巳八月五日 立

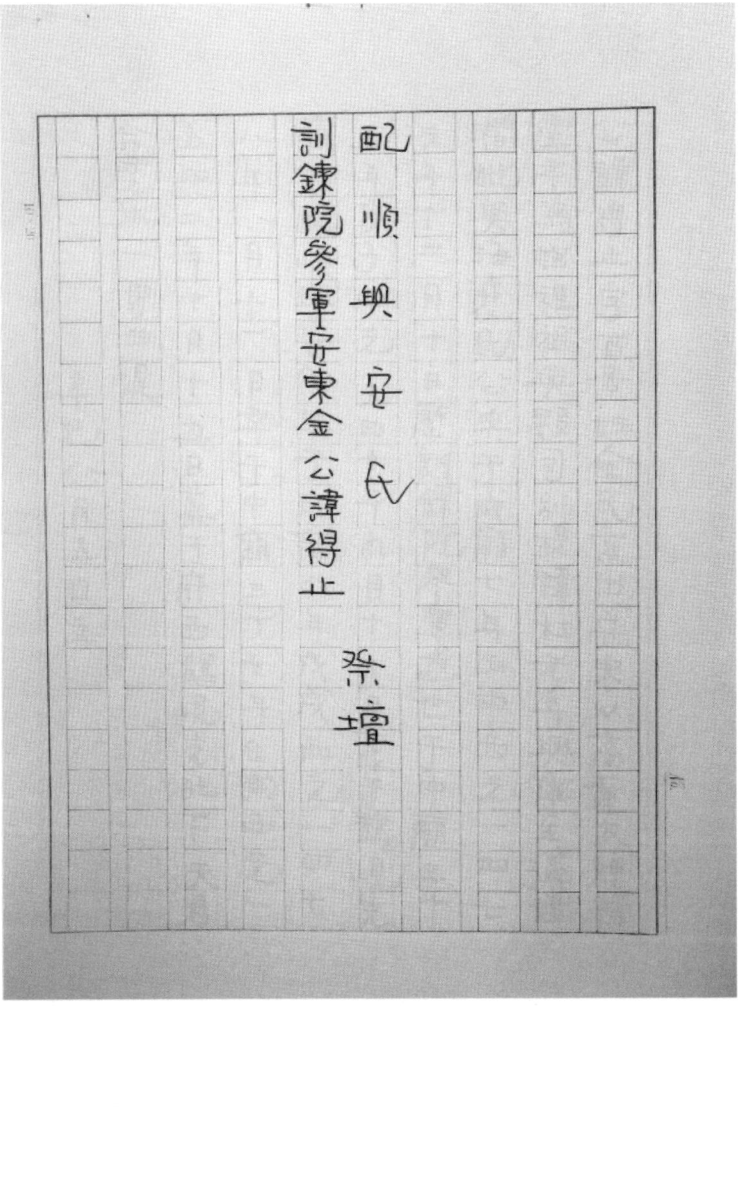
配 順興安氏 祭壇
訓鍊院參軍安東金公諱得止

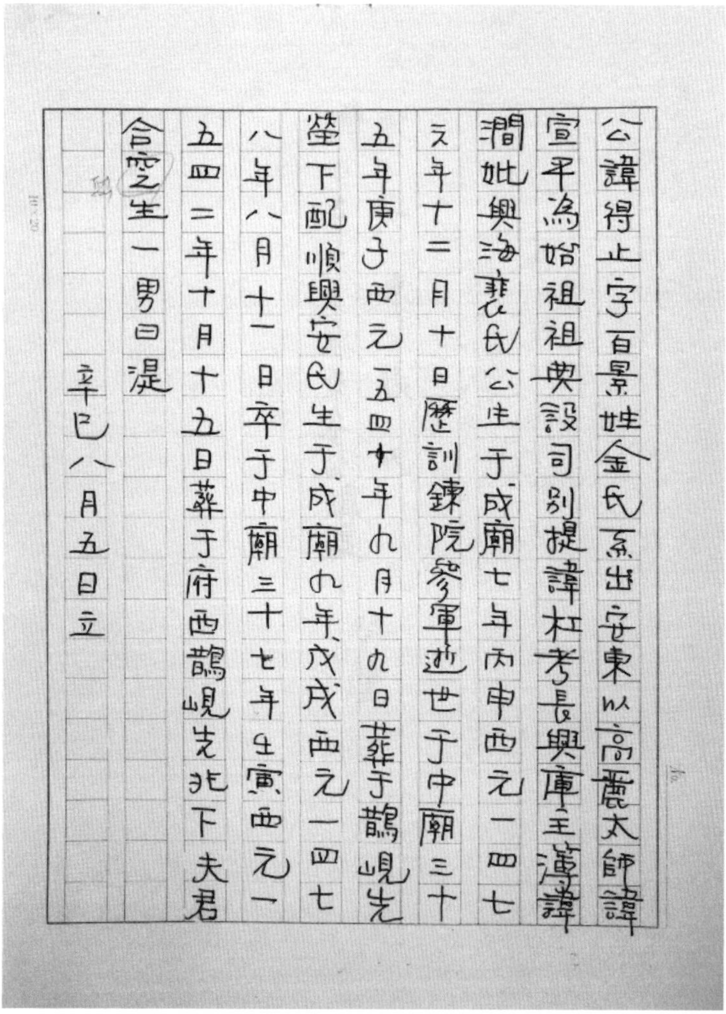
公諱得止字百景姓金氏系出安東以高麗太師諱
宣平為始祖祖興設司別提諱杠考長興庫主簿諱
澗妣興海裵氏公生于成廟七年丙申西元一四七
六年十二月十日歷訓鍊院參軍逝世于中廟三十
五年庚子西元一五四十年九月十九日葬于鵲峴先
塋下配順興安氏生于成廟九年戊戌西元一四七
八年八月十一日卒于中廟三十七年壬寅西元一
五四二年十月十五日葬于府西鵲峴先兆下夫君
合窆生一男曰提
辛巳八月五日立

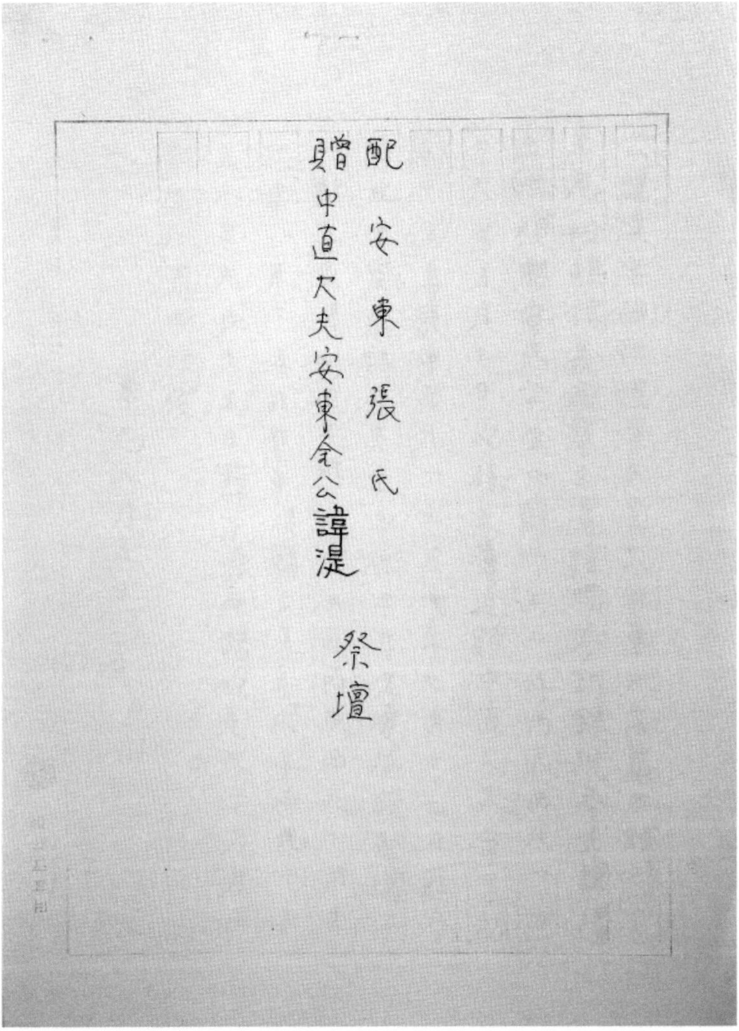
配安東張氏
贈中直大夫安東金公諱湜
祭壇

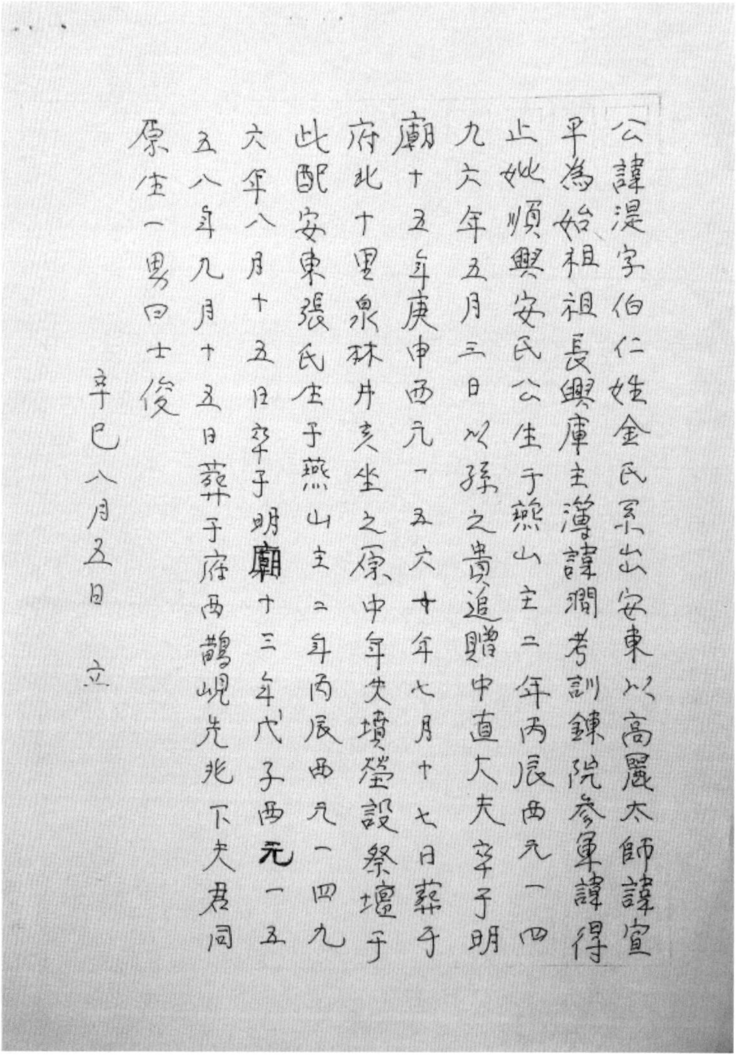
公諱湜字伯仁姓金氏系出安東以高麗太師諱宣
平為始祖祖長興庫主簿諱潤考訓鍊院參軍諱得
止妣順興安氏公生于燕山主二年丙辰西元一四
九六年五月三日以孫之貴追贈中直大夫卒于明
廟十五年庚申西元一五六十年七月十七日葬于
府北十里泉林丹亥坐之原中年失墳塋設祭壇于
此配安東張氏生于燕山主二年丙辰西元一四九
六年八月十五日卒于明廟十三年戊子西元一五
五八年九月十五日葬于府西鶴峴先兆下夫君同
原生一男曰士俊
辛巳八月五日 立

부록(附錄)

부록(附錄) 一

1. 호장관질(戶長官秩)

신라(新羅)의 말기(末期)에 여러 고을의 토인(土人)으로 능히 호령(號令)하여 그 고을을 무치(撫治)하던 자(者)를 태조(太祖)가 통합(統合)한 뒤에 이에 직호(職號)를 주어 그 일을 다스리게 함에 치민(治民)하는 자(者)를 호장(戶長)이라 하고 또 그 자제(子弟)를 서울에 볼모하고 왕관(王官)을 보내어 감시하였더니 성종(成宗) 때에 이르러 왕관감읍(王官監邑)하는 자(者)로 설권(挈眷)하게 하니 호장(戶長)이 드디어 향리(鄕吏)로 강등(降等)하였으나 오히려 인(印)은 있다. 이는 삼국사(三國史) 및 여사(麗史)에 있다. ○또 상고하건대 흥양이씨족보(興陽李氏族譜)에 이르기를 신라말기(新羅末期)에 벼슬하던 이의 자손(子孫)이 다투어 호무(豪武)를 써서 주현(州縣)에서 권력(權力)을 잡다가 려조(麗祖)로 통합(統合)할 처음에 복종(服從)하지 않는 이가 있어 진압할 수 없음을 걱정하여 억지로 그 곳의 호장(戶長)을 만들어 억제하고 무릇 공거(貢擧)와 제직(除職)을 사족(士族)과 같게 하니 지금 대성(大姓)이 모두 호장(戶長)의 후손이라 한다.

戶長官秩

新羅之末諸邑土人,能號令撫治其邑者,太祖統合之後,乃賜職號俾治其事,治民者稱戶長.又質其子弟於京師,遣王官監之,至成宗時,令王官監邑者挈眷戶長.遂降爲鄕吏而猶有印矣.右出三國史及麗史〇又按興陽李氏譜曰:羅末衣冠之裔,競用豪武,覇於州縣,麗祖統合之初,有不率服者則患,無以鎭之,勅爲所在戶長,以抑之.而凡貢擧除職,同於士族.以是今之鼎族類,皆戶長之后云.(安東金氏世譜 第九刊 乙未譜)

2. 호장석의(戶長釋意)

호장(戶長) 향직(鄕職)의 우두머리. 고려 태조 때 신라시대 이래로 지방에 세력을 펴고 있던 성주(城主)나 호족(豪族)을 그대로 포섭하여 호장·부호장(副戶長)의 향직을 준데서부터 시작하였는데 지방자치(地方自治)면에 많은 실적(實績)을 거두었다. 983년(고려 성종 2)에 고려 태조 당시 당대등(堂大等)을 호장, 장대등(長大等)을 부호장이라고 고쳤으며, 목종 초기에는 호장으로 70세를 지나면 안일(安逸)에 속하게 하였다. 1018년(현종 9) 각주(各州)의 정원(定員)을 정하여 1,000정(丁) 이상 주(州)는 8명, 500정 이상은 7명, 300정이상은 5명, 100정 이하는 4명으로 하였다. 이들은 고려시대에 지방의 토호적(土豪的) 존재로서 상당한 세력을 가졌으나 조선(朝鮮)으로 와서 중앙집권 체제의 발달로 수령(守令) 밑에 있는 아전으로 떨어졌다.

[참고문헌] 高麗史. 大典會通. 李弘稙, 國史大辭典.

호장(戶長) 고려·조선 시대 향리직(鄕吏職)의 우두머리. 부호장(副戶長)과 더불어 호장 층을 형성하여 해당 고을의 모든 향리들이 수행하던 말단 실무행정을 총괄하였다. 나말여초 지방호족들이 자의적으로 조직하였던 지방 관반(官班)의 최고위자인 당대등(堂大等)을, 지방관이 처음 파견되고 이직(吏職)이 개혁된 983년(성종 2)에 호장으로 개편하였다. 이때부터 지방에서 토호적 성격((土豪的 性格)을 띠고 독자적으로 그 세력을 유지하던 호장세력은 중앙의 집권화 정책에 따라 독자성을 상실하고 지방통치체제에 흡수되어 지방관의 사용인이 되었다. 반면, 지방관이 파견되지 않은 지역에서는 직접 모든 행정공무를 집행하였다. 1018년(현종 9) 에 향리의 정원제가 마련되었는데 주(州)·부(府)·군(郡)·현(縣)의 경우는 1,000정(丁) 이상에 8인, 500정 이상은 7인 300정 이상은 5인, 100정 이하는 4인이었고, 동서제방어사(東西諸防禦使)·진장(鎭將) 지역의 경우는 1,000정 이상에 6인, 100정 이상에 4인, 100정 이하는 2인이었다. 이러한 복수 호장제는 대체로 지방의 특정세력이나 개인에게 권력이 집중되는 것을 방지하기 위한 조처로 파악된다. 또 같은 해에 향리의 공복제(公服制)가 마련되었는데 호장은 자삼(紫衫)에 화(靴)·홀(笏)을 그 내용으로 하였다. 그리고 호장을 임명할 때는 해당 지방관이 호장을 추천하게 하여 상서성(尙書省)에 보고하여 승인, 급첩(給貼)하도록 하였다. 이어 1051(문종 5) 향리승진규정에 따른 9단계의 서열이 정해지자 호장은 그 최고위 직이 되었다. 한편, 호장의 종류에는 섭호장(攝戶長)·권지호장(權知戶長)·상호장(上戶長)·수호장(首戶長)·안일호장(安逸戶長)·정조호장(正朝戶長) 등이 있어 그 임무를 분담

하였다. 섭호장은 권지호장과 흡사한 것으로 그 의미로 보아 단지 제반 지방사무를 섭행하였던 것으로 파악된다. 상호장은 고려 의종 이전에 설치된 것으로 나타나며 중앙집권화정책이 강화되면서 다수의 호장들을 포함한 향리들을 보다 효과적으로 통제하기 위한 필요에서 설치된 것으로 보인다. 특히, 상호장은 읍사(邑司)를 구성하여 인신(印信)을 가지고 공무를 집행하였고 부정행위가 있을 때는 호장인(戶長印)을 받을 수가 없었으며, 일명 수호장이라 하였다. 호장인신은 해당 고을에 명령을 발하는 권한을 말하며 지방관이 없는 지역에서는 관인(官印)을 대신하기도 하였다. 안일호장은 나이 70세에 이른 퇴역호장으로 998년(목종 1)에 시행되었고, 정조호장은 세수(歲首)에 예궐숙배(詣闕肅拜)하는 직무에서 연원된 것으로 국가의 경조사 때에도 군현을 대표하여 상경숙배하였으며, 상계리(上計吏)의 구실도 하였던 것으로 보인다. 한편, 호장은 호구장적(戶口帳籍)의 관장 및 전조(田租)·공부(貢賦)의 징수상납, 역역(力役)을 동원하는 직무 외에 무적기반(武的基盤)을 배경으로 호족적 전통을 가지고 있었기 때문에 궁과(弓科)로 시험하여 주현일품군(州縣一品郡)의 별장에 임명되는 등 지방군사조직의 장교가 되어 주현군을 통솔하기도 하였다.

호장가계(戶長家系)는 대체로 그 직이 세습되었고 같은 신분 간에 통혼(通婚)이 이루어졌다. 또한, 그 자손에게는 지방교육의 기회와 더불어 과거에 응시할 수 있는 자격이 주어졌고 이를 통한 중앙관료진출에 아무런 제약이 없었다. 고려 후기에 들어 호장층들은 무반직·기술직·잡과(雜科)와 첨설직(添設職)·동정직(同正職) 등 비실직(非實職) 품관직에 나아가 점차 신분상승을 꾀하였으며, 조선시대 양반계층을 구성하는 주요 세력층이 되었다. 아울러 조선시대에 이르러서는《경국대전》의 법전체제에 따라 호장층은 중인층(中人層)으로 그 신분이 고정되어 신분상승의 기회가 주어지지 않는 자기도태현상을 낳았다. 단지 조선시대에도 향리직의 수장(首長)으로서 조문기관(詔文記官)·장교 등과 같이 삼반체제(三班體制)를 유지하며 아전으로서 지방관의 제반업무를 보좌하였다.

《참고문헌》高麗史, 大典會通,世宗實錄地理志,掾曹龜鑑,韓國中世社會史研究(李樹健, 一朝閣, 1984) 朝鮮朝鄕吏의 一研究-戶長에 대하여-(李樹健), 文理大學報 2, 嶺南大學校, 1974) 高麗中期鄕吏制度의 變化에 대한 一考察(李勛相, 東亞研究6, 1985) 高麗時代鄕吏研究(朴敬子, 淑明女子大學校博士學位論文, 1986), 高麗鄕吏의 身分變化에 관한 研究(羅恪 , 成均館大學校博士學位論文, 1988) 高麗時代의 鄕役(李惠玉, 梨花史學研究17·18合輯, 1988.

(한국민족문화대백과사전 25, 한국정신문화연구원, 1991)

부록(附錄) 二

1. 안동향손사적(安東鄕孫事蹟) 발췌

○호장 권종원(權宗元)은 그 지조가 청고(淸高)하였는데 만력년간(萬曆年間) 무주(無住) 홍선생(洪鎬)이 고녕(古寧)에서 안동 동문밖에 옮겨 살았는데 한번 만나보고 터놓고 사귀는 사이가 되어 서로 왕래하였다. 광해조(光海朝) 때 무주공이 태백산(太白山)에 들어가서 몸을 숨겼다. 종원이 그를 따라가서 나계(蘿溪) 안상(岸上)에 작은 암자(庵子)를 짓고 수월암(水月庵)이라하고 시나 읊으면서 시간을 보내기 10여년이 되었다. 인조반정(仁祖反正)이 되면서 무주공은 간의대부(諫議大夫)로 불려가고 종원은 산을 나왔다. 수월암 제명록(題名錄)에 권어은(權漁隱) 첨(詹). 이호우(李湖憂) 환(煥), 김진사(金進士), 시권(是權), 서참봉(徐參奉) 봉령(鳳齡), 권조대(權措大) 상현(尚賢), 권집의(權執義) 상충(尚忠) 윤수재(尹秀才) 희현(希賢), 이고림(李高林) 극배(克培), 이무회(李無懷) 성발(誠發), 권백운(權白雲) 상원(尚遠), 김선달(金先達) 헌복(獻復), 김진사(金進士) 취영(就英), 산인(山人) 도기(道器)가 종유(從遊)하였다고 하더라.

安東鄕孫事蹟

○户長權宗元志尚淸高萬曆間無住洪先生鎬自古寧移居于本府東門外一見結爲心交迭相往來矣光海朝無住公避地入太白山宗元從之搆小庵于羅溪上號曰水月庵日嘯咏其間同居十許年及
仁廟改玉無住公以諫議被召宗元始乃出山水月庵上樑文有題名權漁隱奮李湖憂煥金進士是權徐參奉鳳齡權措大尚賢權執義尚忠尹秀才希賢李高林克培李無懷誠發權白雲尚遠金先達獻復金進士就英山人道器從遊云

○출신(出身) 김헌복(金獻復) 역시 무주공(無住公)과 지기(志氣)가 통하여 그에게 잘 알려져 있어서 무주공이 태백산(太白山)에 들어가면서 헌복(獻復)에게 글을 남겼다. 그 글에 『많은 사악한 무리들이 국권을 농단하니 해와 달이 경도(經道)를 잃었다. 이는 군자(君子)가 조정에 들어가 벼슬할 때가 아니다. 내가 장차 산속에 들어가 숨어 살고자 한다. 그대가 나를 따라와서 뜻을 같이 할 수 있겠는가.』라고 하였다. 헌복이 드디어 벼슬할 뜻을 버리고 선생을 따라가서 수월암에서 노니었다. 계해년(1623) 인조반정 후에 선생을 따라 나와서 벼슬살이를 하여 훈련원(訓鍊院) 주부(主簿)가 되었다. (여타의 내용은 위에서 보았다.)

아들 출신(出身) 득성(得聲)은 정국공신(靖國功臣)에 녹훈(錄勳)되어 훈련원(訓鍊院) 봉사(奉事)가 되었다.

○진사(進士) 김시준(金時儁) (號는 水西, 獻復의 孫子)은 창우(蒼愚) 한선생(韓先生) 여옥(汝玉) 문하에서 수업하여 문장(文章)과 행검(行檢)이 세상에 알려졌나. 유고(遺稿) 7편(編)이 있는데 참봉(參奉) 강공(姜公) 시환(始煥)이 서문(序文)을 썼다. 동생 우준(宇儁) 역시 문장이 능통하여 사마시(司馬試)에 입격하였다.

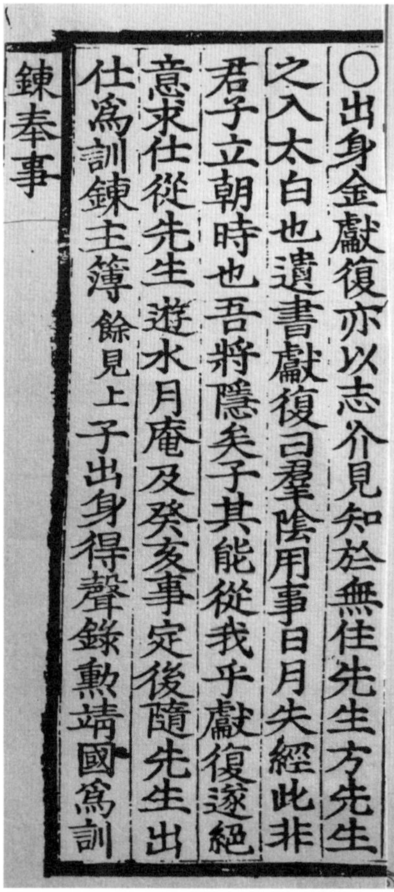
○出身金獻復亦以志介見知於無住先生方先生之入太白也遺書獻復曰羣陰用事日月失經此非君子立朝時也吾將隱矣子其能從我乎獻復遂絕意求仕從先生遊水月庵及癸亥事定後隨先生出仕爲訓鍊主簿 餘見上 子出身得聲錄勳靖國爲訓鍊奉事

○進士金時儁 號水西獻復孫 受業於蒼愚韓先生如玉以文章行檢聞于世有遺稿七編參奉姜公 始爕 撰序文弟宇儁亦能文登司馬

2. 청기지(靑己誌)

壽職

金永鎭 字敬胤 尙圭子 壽同中樞

자는 경윤 상규의 아들 수직으로 동지중추부사이다.

贈職

金尙圭 字德偃 太師宣平后以子永 鎭壽 贈嘉善博涉經史

영진의 수직으로 가선대부로 증직받았다. 경학과 역사방면의 책을 많이 읽었다.

3. 청송군지(靑松郡誌)

壽職

金永鎭 嘉善尙圭子字胤
壽嘉推恩三世

가선대부(嘉善大夫) 상규(尙圭)의 아들 .자는 경윤(敬胤) 수직으로 가선대부가 되었는데 삼세(三世)가 추은(推恩)을 입었다.

贈職

金尙圭 安東人太師宣平鎭壽贈嘉善自
后字德偃以子永安東始居眞寶

안동인 태사 선평후손 자는 덕언(德偃) 아들 영진의 수직으로 가선대부로 증직을 받았다.

안동에서 진보로 와서 살았다.

4. 청송군사(青松郡史)

姓氏

巴川面(栢田)

一、安東金氏 司果公烈의十八世孫 贈司僕寺正廷春이 安東으로부터 入鄕하여 栢田에 始居하므로 子孫이 因居하니라。

巴川面(丙夫 淸水谷)

一、安東金氏 司果公烈后孫이 丙夫洞에 世居하라。

眞寶面(世長)

一、安東金氏 司果公烈后孫 石漢이 安東으로부터 世長洞에 始卜하므로 그 子孫이 此에 世居하니라。

府東面(새골)

一、安東金氏 司果公烈의 后孫、相漢、朝漢이 安東 吉安으로부터 入靑하였으므로 그 子孫이 新店洞 舊新坪에 世居하니라。

司果公烈의 十八世孫 贈司僕寺正廷春이 安東으로부터 入鄕하여 栢田에 始居하므로 子孫이 因居하니라.

司果公 烈 后孫이 丙夫洞에 世居하니라.

司果公 烈 后孫 石漢이 安東으로부터 世長洞에 始卜하므로 그 子孫이 此에 世居하니라.

司果公 烈의 后孫 相漢,朝漢이 安東 吉安으로부터 入靑하였으므로 그 子孫이 新店洞에 舊新坪에 世居하니라.

贈職

一、金尙圭 安東人이니 太師宣平后라 字는 德偃이니 子永鎭의 壽로서 嘉善을 贈하다 安東으로부터 眞寶에 移居하다。

安東人이니 太師宣平后라 字는 德偃 이니 子永鎭의 壽로서 嘉善을 贈하다 安東으로부터 眞寶에 世居하다.

一、金廷春 字는 旣成이니 太師公宣平后라 通訓大夫、司僕寺正이니 安東으로부터 始居靑松하니라。

字는 旣成이니 太師公宣平后라 通訓大夫,司僕寺正이니 安東으로부터 始居靑松하니라.

一、金炳仁 安東人이라 字는 在熱이니 廷春子라 通訓大夫承政院左承旨兼經筵參贊官이라。

安東人이라 字는 在熱이니 廷春子라 通訓大夫 承政院 左承旨兼經筵參贊官이라.

一、金文圭 字는 奎汶이니 安東人이라 司果公烈后니 承旨炳仁侄이라 高宗朝通政大夫라。

字는 奎汶이니 安東人이라.司果公烈后니 承旨炳仁의 조카이다. 高宗朝 通政大夫이다.

行職

一、金守漢 字는 應九니 安東人이라 司果公烈后니 高宗朝智陵叅奉이라。

字는 應九니 安東人이라 司果公烈后니 高宗朝 智陵參奉이라.

一、金亮漢 字는 子明이니 安東人이라 贈戶判永鎭子니 高宗朝 莊陵叅奉이라。

字는 子明이니 安東人이라 贈戶判永鎭子니 高宗朝 莊陵參奉이라.

一、金周東 安東人이라 字는 周京이니 號는 栢隱이니 司果公烈后라 高宗朝六品從仕郞、康陵叅奉이라

安東人이라 字는 周京이고 號는 栢隱이니 司果公烈后라 高宗朝 六品從仕郞·康陵參奉이라.

孝婦

一、月城李氏 恩雨女오 安東 金基源妻니 十九에 于歸하여 시부모에게 孝誠이 至極하더니 二十三歲時에 夫君이 戰死하고 家庭은 貧乏하나 시부모의 奉養을 誠實히 하므로 四二八七年 十一月 郡守賞狀과、四二九二年 八月 署長賞狀을 受하니라。

恩雨女요 安東 金基源妻니 十九에 于歸하여 시부모에게 孝誠이 至極하더니 二十三歲時에 夫君이 戰死하고 家庭은 貧乏하나 시부모의 奉養을 誠實히 하므로 四二八七年 十一月 郡守賞狀과 四二九二年 八月 署長賞狀을 受하니다.

壽職

一、金永鎭 字는 敬胤이라 尙圭子니 同中樞라。

字는 敬胤이라 尙圭子니 同知中樞府事라.

寓居

一、金文圭 字는 奎汶이니 安東人이라 司果公烈 后니 贈承旨炳仁侄이라 高宗朝通政大夫라。

一、金守漢 字는 應九니 太師宣平后라 智陵叅奉이니 安東으로부터 始居靑松하니라。

字는 奎汶이니 安東人이다. 司果公烈 后니 贈承旨炳仁姪이라 高宗朝通政大夫라.

字는 應九니 太師宣平后라 智陵參奉이니 安東으로부터 世居靑松하니라.

부록(附錄) 三.

1. 주부공(主簿公 諱 헌복(獻復)과 수월암(水月庵) 동거록(同居錄)

1618년(광해 10) 무과에 급제하시고 보직을 기다리고 있던차에 조정에서는 대북파(大北派)의 흉계로 임해군(臨海君) 영창대군(永昌大君) 김제남(金悌男:仁穆大妃의 아버지) 등을 역모로 몰아 죽이고 모후(母后) 인목대비를 서궁(西宮)에 유폐시키는 등 패륜행위가 극에 달하자 관계에 진출을 포기하고 홍호(洪鎬) 등 뜻이 맞는 선비들이 소천리(召川里) 나계(蘿溪)에 들어가 10여명의 지사들과 세월을 보내다가 1623(광해 15) 인조반정이 성공하여 벼슬길에 나가서 훈련원(訓鍊院) 주부(主簿)가 되셨다. 수월암에서 동거하던 지사(志士) 들은 다음과 같으며 주된 인물이였던 홍호선생의 유고 무주일고(無住逸稿)에는 懷水月庵(수월암을 회상함) 이라는 제하(題下)에 去去大邊鶴, 應從水月飛, 奇言諸釋子, 醒醉不知歸(먼 하늘을 떠도는 학이 물과 달을 따라 나는데 여러 스님에게 말 전하기를 술이 깨서 돌아갈 날을 정하지 못 하겠소)라고 하였다. 당시 수월암에 기거(起居)를 같이 했던 인사들은 다음과 같다.

수월암(水月菴) 동거지사(同居志士)

권종원(權宗元) 호장

권 첨(權 詹) 호 어은(漁隱)

이 환(李 煥) 호 호우(湖憂)

김시권(金是權) 進士

서봉령(徐鳳齡) 參奉

권상현(權尚賢) 호 차대(措大)

권상충(權尚忠) 執義

윤희현(尹希賢) 秀才

이극배(李克培) 호 고림(高林)

이성발(李誠發) 호 무회(無懷)

권상원(權尚遠) 호 백운(白雲)

김헌복(金獻復) 先達

김취영(金就英) 進士

산인도기(山人道器)

(安東鄉孫事蹟)

수월암동거영정록(水月菴同居影幀錄)

홍 호(洪鎬)	호 무주자(無住子)	자 숙경(叔景)
	대사간(大司諫)	부림임(缶林人)
김헌복(金獻復)	호 명곡(鳴谷)	
	훈련원(訓鍊院)	주부(主簿)
		안동인(安東人)
권 첨(權 詹)	호 어은(漁隱)	자 자오(者吾)
		안동인(安東人)
권상현(權尙賢)	호 북창(北窓)	자 제보(齊甫)
		닭실인(酉谷人)
권상원(權尙遠)	호 백운(白雲)	자 원유(遠遊)
		닭실인(酉谷人)
권상충(權尙忠)	호 월곡(月谷)	자 자하(子夏)
	집의(執義)	닭실인(酉谷人)
이극배(李克培)	호 동호(東湖)	자 양숙(養叔)
		고성인(固城人)
김취영(金就英)	호 구재(懼齋)	자 간숙(諫淑)
		진사(進士)
권종구(權宗九)	호 지호(知湖)	자 군백(君伯)
		가선대부(嘉善大夫)

(安東金氏世譜. 司果公派)

주1) 홍호(洪鎬)

본관은 부계(缶溪). 자는 숙경(叔京), 호는 무주(無住)·동락(東洛). 대제학 홍귀달(洪貴達)의 후손이며, 홍언국(洪彦國)의 증손으로, 할아버지는 홍경삼(洪景參)이고, 아버지는 무반인 홍덕록(洪德祿)이며, 어머니는 목사(牧使) 류승선(柳承善)의 딸이다. 정경세(鄭經世)의 문인이다.

나이 20세에 유성룡(柳成龍)을 만나 그에게 크게 칭찬을 받은 바 있다. 1606년(선조 39) 식년문과에 병과로 급제해 승문원에 들어갔다. 광해군이 즉위하자 권력을 쥐고 있던 이이첨(李爾瞻)의 아들 대엽(大燁)을 승문원에 등용하자는 시론이 있었으나, 이를 극구 반대하였다.

1612년(광해군 4) 권지(權知)에 오르고, 이듬 해 전적을 거쳐 박사에 이르렀다. 그 뒤 외직으로 안동부제독을 자청하였다. 그리고 1623년(인조 즉위년)에는 병조정랑이 되었다. 이듬 해 이괄(李适)의 난이 일어나 정경세가 호소사(號召使)가 되자, 그의 종사관으로 난의 진압에 공헌하였다.

그러나 인목대비의 서궁유폐와 폐모에 반대하다가 인조반정 후 아들과 함께 자살한 박승종(朴承宗)의 적몰사(籍沒事)에 공정한 견해의 소를 올렸다가, 훈신들의 미움을 사 영변판관으로 좌천되었다.

그 뒤 1628년 예조정랑, 1630년 사예(司藝), 이어 종부시정(宗簿寺正)·장령·승지·공조참의·흥해군수 등을 역임하였다. 1636년 병자호란 때는 용병술로 포수를 지휘하였다. 1640년 예조참의·동부승지, 1643년 우부승지 등을 거쳐, 1645년 대사간이 되었다.

인품이 깨끗하고, 영욕과 이해타산이 없어서 강직한 자로 평을 받았다. 문신이면서도 용병에 관한 지식이 많아, 국책에 반영하려고 노력하였다. 저서로는 『무주일고(無住逸稿)』가 있다.

2. 승(僧)도기상인(道器上人)

1621년(광해군13 신유) 태백산 가운데 있는 소천리(召川里) 나계(蘿溪) 윗 편에 자재를 모아 작은 초옥을 짓고 살았다.

1623년(인조 원년 계해) 조정으로 돌아오면서 같이 고생하였던 이들의 영상(影像)을 수월암(水月菴)에 남겨놓았다.

1944년(갑신) 10월25일 안동읍 동쪽 10리즈음 되는 동악(東岳)에 영각(影閣)을 짓고 그 다음 해(을유) 3월15일에 제위(諸位)의 화상을 동악에 옮겼다. (安東金氏世譜司果公派譜)

水月菴同居影幀錄

洪　鎬　號無住子　字叔景　大司諫　缶林人

金巖復　號鳴谷　生辛巳　訓鍊主簿　安東人

權　詹　號漁隱　字者吾 生庚辰　安東人

權尙賢　號北窓　字齊甫 生庚寅　酉谷人

權尙遠　號白雲　字遠逸　酉谷人

權尙忠　號月谷　字子夏 生癸巳　執義　酉谷人

李克培　號東湖　字養叔　固城人

金就英　號懼齋　字誎淑　進士

權宗九　號知湖　字君伯 生丙戌　嘉善

僧道器上人

崇禎元年辛酉隱於太白山中召川里蘿溪上出物鳩村築小菴

而居焉癸亥返于朝同苦影像留有水月菴檀紀四千二百七十

七年甲申十月二十五日安東邑東十里許東岳築影閣翌年乙

酉三月十五日遷畵位于東岳

3. 수서문집(水西文集)을 통해본 수서옹(水西翁)의 교유 인사

수서(水西)는 성균진사(成均進士) 시준(時儁)의 호이다. 추측컨대 수(水)는 낙동강(洛東江)을 의미하고 서(西)는 그 강 서쪽에 사는 사람이란 의미 일 것이다. 그렇다면 세거지(世居地)가 작현(鵲峴) 선산근처 옥리(玉里) 일대일 것이다. 주부공(主簿公)을 중심으로 상대(上代)나 아랫 대(代) 5형제(得聲, 得良, 得亨, 得貞, 得宏)분의 생활하시던 곳이 수서 일대 일 것이다.

수서공의 교유(交遊) 범위가 무척 넓었었다.위로는 영의정 아래로는 사서(士庶)에 이르기까지 폭 넓은 교류가 있었다. 수서문집(水西文集)에 나오는 인물들을 보면 다음과 같다.

○시주창(詩酬唱) 및 증시(贈詩)

서호(西湖)	권처사(權處士)
동애(東崖)	이 협(李 浹)[1]
위수(渭叟)	강후재(姜後載)
천휘(天輝)	이명하(李明夏)
상노(常老)	김수항(金壽恒)
보천(補天)	안련석(安鍊石)

	이만녕(李萬寧) 秀才	
	한성흠(韓聖欽) 將軍	
	이만유(李萬維) 泰川	
	한백조(韓伯朝) 秀才	
	권 보(權 甫)	
수찬(修撰)	권두경(權斗經)[2]	이만부(李滿敷)
	이만녕(李萬寧)	이익자(李益著)
	김여건(金汝鍵)	김경찬(金景澯)
	이시룡(李時龍)	
나산(羅山)	조덕린(趙德隣)[3]	
부사(府使)	이인복(李仁復)	
창설(蒼雪)	권두경(權斗經)	이인숙(李仁叔)
	서화경(徐華卿)	정한운(鄭翰雲)
함릉(咸陵)	고명전(高命傳)	
동계(東溪)	이처사(李處士)	
선애(仙厓)	배 공(裵 公)	
현수(顯叟)	김양현(金良鉉)	
김호군(金護軍)	권자안(權子安)	송태항(宋泰恒)
강중추(姜中樞)	이민정(李敏政)	권창운(權昌運)
강정일(姜鼎一)	이중협(李重協)	강희적(姜熙績)

○서신왕래(書信往來)

이 협(李 浹 東厓) 이현보(李玄輔)

심 성(沈㮐 子安)　　이련석(李鍊石 延日)
이 함(李 涵 陜川)
이 하(李 河 靈山)　　최후장(崔後章 察訪)
홍치중(洪致中 進士 領議政)[4]김길(金佶 而正)
배 면(裵 冕 綯窩)　　조하기(曺夏奇 野城)
한여백(韓如伯 文伯)　　홍태유(洪泰猷 伯亨)
이정신(李正臣)　　이 함(李 涵 禮安)
홍익보(洪益普 受甫)　　이만굉(李萬宏 進士)
이 직(李 稷 槐山)　　배행검(裵行儉 行健)
이경이(李敬而)　　이제겸(李濟兼 察訪)
홍진유(洪晉猷 龍仁)　　강위옹(姜渭翁)
김인석(金麟錫 聖徵)　　김 균(金 均 子平)

○뢰문(誄文)

신호문(申浩文)　　이영공(李令公 花伯)

○제문(祭文)

한수기(韓秀箕 處士)　　이영공(李令公 花伯)
권 분(權 份 西湖)　　이수지(李秀墀 上庠)
배행정(裵行正)　　이치신(李致身 勉汝)

○만사(挽詞)

안상상(安上庠)　　홍태유(洪泰猷)
산운　　이상상(山雲 李上庠)
수지　　경 은(秀墀 權耕隱)

화원정 이명하(花源亭 李明夏)
주서 권두굉(注書 權斗紘)
상상 권창대(上庠 權昌大)
남해 김석경(南海 金錫慶)
두서 권 장(杜西 權 丈)
사상 김백중(士常 金佰重)
처사 정치운(處士 鄭致雲)
지평 권두기(持平 權斗紀)[5]
송사 권두위(松沙 權斗緯)
이상상(李上庠)
처사 김여택(處士 金汝澤)
상상 권두광(上庠 權斗光) 성호군(成護軍)
백강 김 건(伯强 金 健)
동지 김영진(同知 金英震)
상상 홍치희(上庠 洪致熙)
여직 이시필(汝則 李時苾)
성숙 정후흥(聖叔 鄭後興)
서응 김치상(瑞應 金致祥)

변언숙(邊彦叔) 권동노(權洞老)
권진일(權振一) 안양산(安梁山)
강기주(姜起周) 류사겸(柳士謙)
이 완(李 琓) 김경침(金景沉)

주 1) 이협(李浹)

본관은 연안(延安). 자는 열경(悅卿), 호는 동애(東厓). 아버지는 이조판서 이관징(李觀徵)이다. 허목(許穆)·홍우원(洪宇遠)에게서 수학하였다.

일찍이 문예를 성취하였으며, 1689년(숙종 15) 생원·진사시에 모두 합격하였고, 특히 생원시에서는 장원으로 합격하였다. 같은 해 유생으로 대사헌 이현일(李玄逸)의 유임을 청하는 소를 올렸다. 벼슬은 사옹원봉사(司饔院奉事)에 그쳤다.

주 2) 권두경(權斗經)

본관은 안동(安東). 자는 천장(天章), 호는 창설재(蒼雪齋). 충정공(忠定公) 벌(橃)의 5세손으로 할아버지는 군자감정 석충(碩忠)이며, 아버지는 유(濡)이고, 어머니는 예안김씨(禮安金氏)이며, 배(配)는 김시온(金是榲)의 딸이다. 이현일(李玄逸)의 문인으로 이재(李栽) 등과 교유하였다.

1679년(숙종 5)에 사마시에 합격하였다. 문학과 학행으로 천거되어 태릉참봉(泰陵參奉)·사옹원봉사(司饔院奉事)·직장(直長)·종부시주부를 거쳐, 형조좌랑을 역임하였다. 영산현감(靈山縣監)을 지냈다.

1710년 문과에 급제, 성균관직강·전라도사에 임명되었으나 부임하지는 않았다. 그 뒤 사간원정언이 되었으나 1717년 영남에서 1만여 인의 유생들이 상소를 올릴 때 그 상소문을 기초하였다.

1721년 이후 고산찰방(高山察訪) 홍문관 부수찬이 되었다. 저서로는 창설집(蒼雪集)이 있다.

주 3) 조덕린(趙德鄰)

본관은 한양(漢陽). 자는 택인(宅仁), 호는 옥천(玉川). 아버지는 충의위(忠義衛) 조군(趙　)이다. 1678년(숙종 4) 사마시에 합격하여 진사가 된 뒤 1691년 증광문과에 병과로 급제, 설서·교리·사간 등을 역임하였다. 저서로 옥천문집(玉川文集) 18권이 있다.

주 4) 홍치중(洪致中)

본관은 남양(南陽). 자는 사능(士能), 호는 북곡(北谷). 평안도관찰사 홍명구(洪命耉)의 증손으로, 할아버지는 우의정 홍중보(洪重普)이고, 아버지는 강원도관찰사 홍득우(洪得禹)이며, 어머니는 김경여(金慶餘)의 딸이다.

1699년(숙종 25) 사마시에 합격하고, 1706년 정시문과에 병과로 급제해 검열이 되었다. 그 뒤 지평·헌납·교리 등을 지내다가, 1712년 북평사(北評使)로 차출되어 백두산정계비를 세우는 데 참여하였다.

이어 대사간·승지 등을 역임하고 경상도·전라도 관찰사를 지냈다. 1719년 통신정사(通信正使)로 일본에 다녀와 부제학·이조참판이 되었으나, 경종 때 집권세력인 소론의 배척을 받아 홍주목사로 출보(黜補)되었다.

주 5) 권두기(權斗紀)

본관은 안동(安東). 자는 숙장(叔章), 호는 청사(晴沙). 좌찬성 권벌(權橃)의 5대손으로, 할아버지는 권석충(權碩忠)이고, 아버지는 권유(權濡)이며, 어머니는 김감(金鑑)의 딸이다.

1687년(숙종 13)에 사마시에 합격하여 생원이 되고, 1696년에 식년문과에 병과로 급제하여 승문원정자가 되었다. 1701년 예조좌랑을 지낸 뒤 잠시 사직하고 귀향하였다가 다시 해운판관(海運判官)을 지냈다.

1707년 정언을 거쳐 지평이 되어, 시사를 논하다가 파직, 유배된 수찬 김세흠(金世欽)의 억울함을 상소하였으나 왕의 노여움을 사 해남으로 귀양 갔다. 1711년 유배에서 풀려나 다시 정언으로 복직되었다.

부록(附錄) 四

1. 안동김씨세보(사과공파:1719 창시보, 기해보)

無

子丙哲 見所
子丙先 見所
子丙碩 見蘇
子億見 見蘇
子彥命 見基
一世 金烈
六世 子得止 見下

子業松
子戊乞
子巖回
子仲乞
子叢先
子賽寬
二世 子好
七世 子提

三世 子富
八世 子士俊

四世 子杠
九世 子守江

五世 子潤
十世 子獻守

六世 子得止 見上
十一世 子得夢 見寬
女金應研 見寬

女李安
子[illegible]
女張緒遜
子獻復
武科
女李袂
子張夢[illegible]
子得聲
女萬能男
子得良
子得亨
子得貞
子得宏
女權崑
女金重堅
子李汝雄

竟

安東金氏列譜 卷下 四

十一世
子得夢 武科 無見
女金應研 無見
子得彝 武科 無見

十二世
子膵
子金世弼
子命龍

十三世
子宗哲
子建哲

十四世
子世建
子世剛
子有宗
子一宗
女金振雄

二十九

子建弼 夢弼
女金是彬 檣
建瑞 金日成
子李汝鼎
子夢良 夢龍
夢楨 夢湘 女
夢桂

女鄭熊男鯢

子翼龍
女權承俊

子廷寵
子廷秋
女權喜奎
合俊
女李壽雄
子喜文
女權萬瑨

女尹順必
女宋應
子銓
子鍵
子鑅
子益燕
子權德興
子權德基
子李善部

學

安東金氏刪譜 卷下

子得良 無見
子得亨 無見

子明貞 女金德恒
子夢龍
女金[illegible]
女[illegible]
子時儁 進士
子秉儁
子後儁

子克文
子允文
女金昌輝
子鼎文 中
子泰文
子履文
女黃壽培
女張錫河
子信文
女金晉基
子錫文

三十

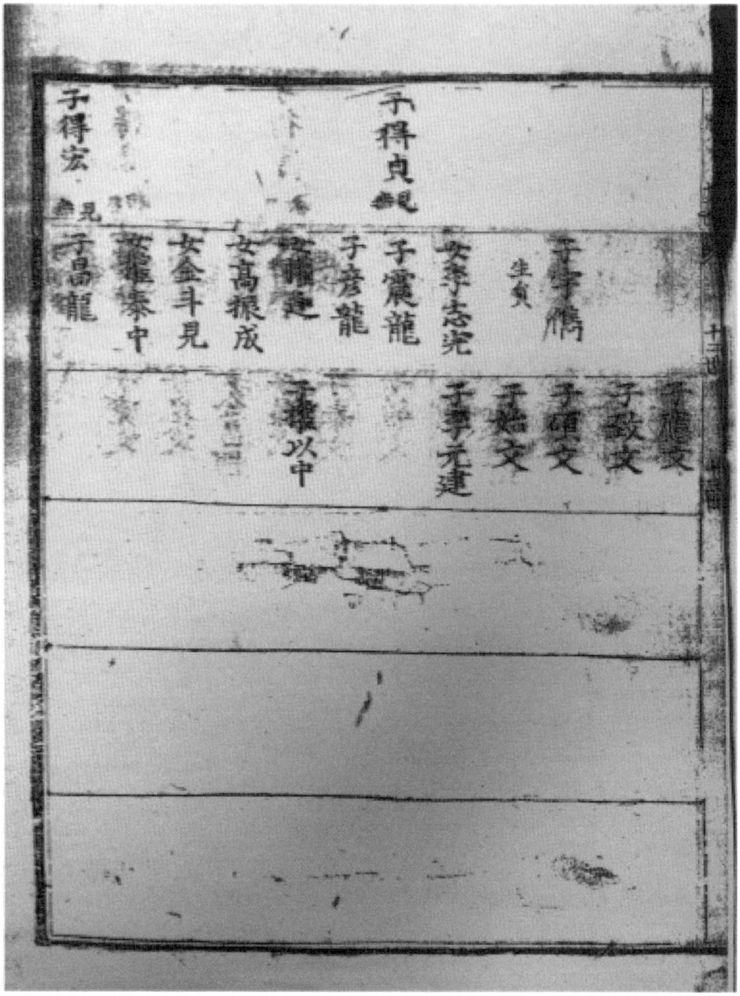

子得貞

子得宏

子[illegible]儁 生員

女李志完

子震龍

子彦龍

女[illegible]建

女高振成

女金斗見

女[illegible]奉中

子晶龍

子[illegible]文

子致文

子碩文

子始文

子李元建

子[illegible]以中

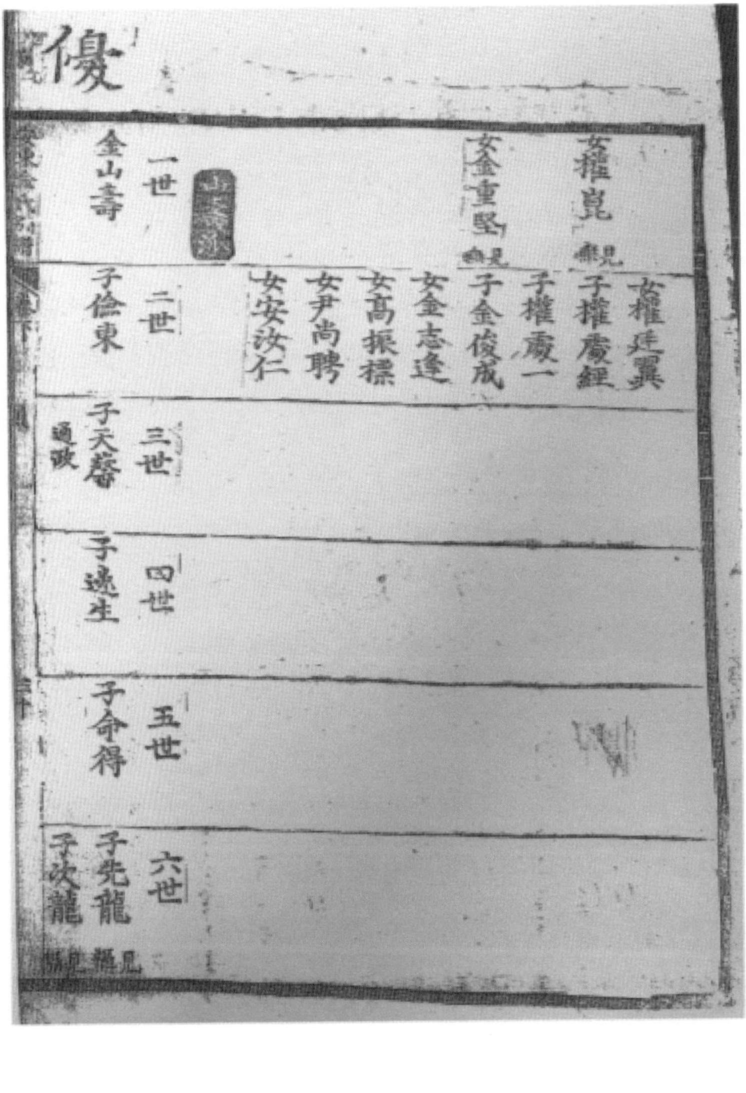

傻

安東金氏族譜 卷下

一世 金山壽

女權晛

女金重堅

二世 子倫東

女權廷翼

子權處經

子權處一

子金俊成

女金志達

女高振標

女尹尚聘

女安汝仁

三世 子天馨 通政

四世 子逸生

五世 子命得

六世 子先龍

子汝龍

2. 안동김씨세보(사과공파:1790 경술보)

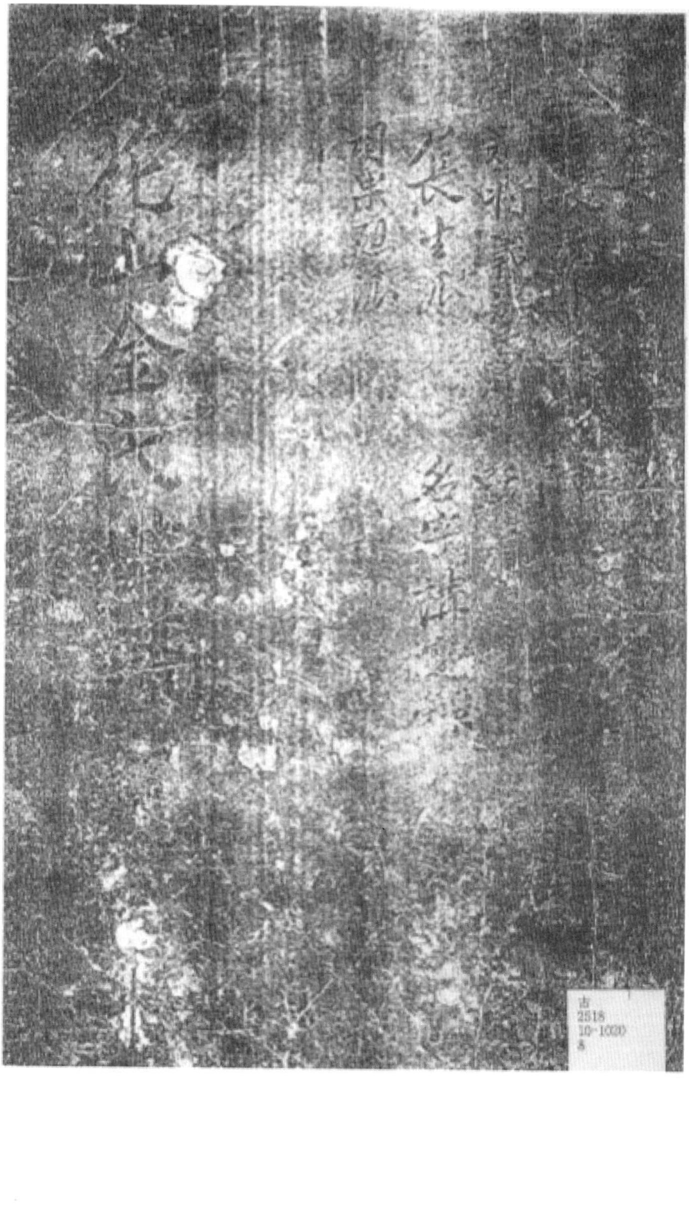

歷

安東金氏別譜 卷下 司果

司果派

一世
金烈 司果 戶長
子得止 杠 澗 戶長

二世
子好 戶長
子湜 戶長

三世
子富 戶長
子士俊 戶長

四世
子杠 戶長
子守江 戶長

五世
子澗 戶長
子獻守
子獻復 武科訓鍊主簿

六世
子得止 戶長 見下
子得憂 見下
女金應研 見圖
子得麟 見圖
子得良 見
子得亨 見卷
子得貞 見修
子得溢 見修
女鄭熊男

四十六

六世

子得愛 守江 獻守 武科訓鍊奉事

七世

子曄

八世

子宗哲

九世

女李安

子世建

子世剛

十世

女李扶

子時和

子時聖

子時復

子時郁

十一世

女權崑 夫 [illegible]

女金亞堅 夫 [illegible]

子聖運 見 [illegible]

女金相彩

子懷運

子憓運

女尹郅遺

无后

子澤貴

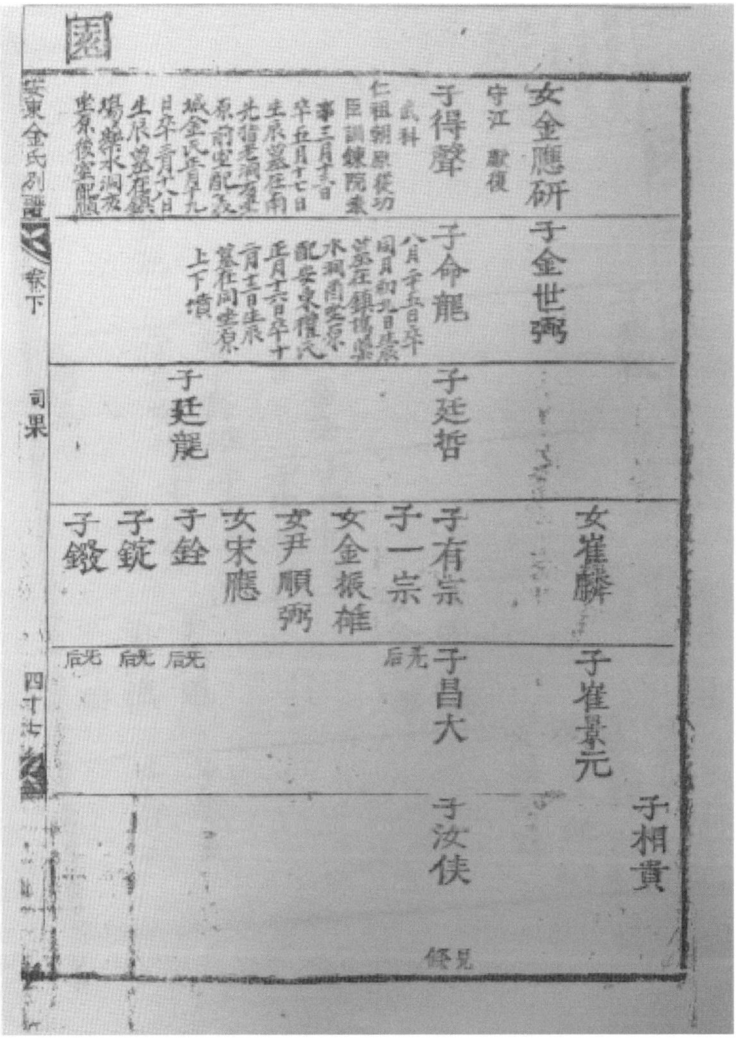

安東金氏列譜 卷下 司果 四十六

女金應研 守江 獻復
子得聲 武科 仁祖朝原從功臣訓鍊院奉事三月十三日卒丙五月十七日生辰墓在南先營老洞原前室配城金氏五月十九日卒青十八日生辰墓在鎭場樂水洞後坐原後室配

子金世弼
子命龍 八月二十五日卒同月初九日生辰墓在鎭場樂水洞酉坐原配安東權氏正月十六日卒十月十二日生辰墓在同坐原上下墳

子廷哲
子廷龍

女崔麟
子有宗
子一宗 无后
女金振雄
女尹順弼
女宋應
子銓 无后
子錠 无后
子鍛 无后

子崔景元
子昌大

子相貴
子汝佚 見侄

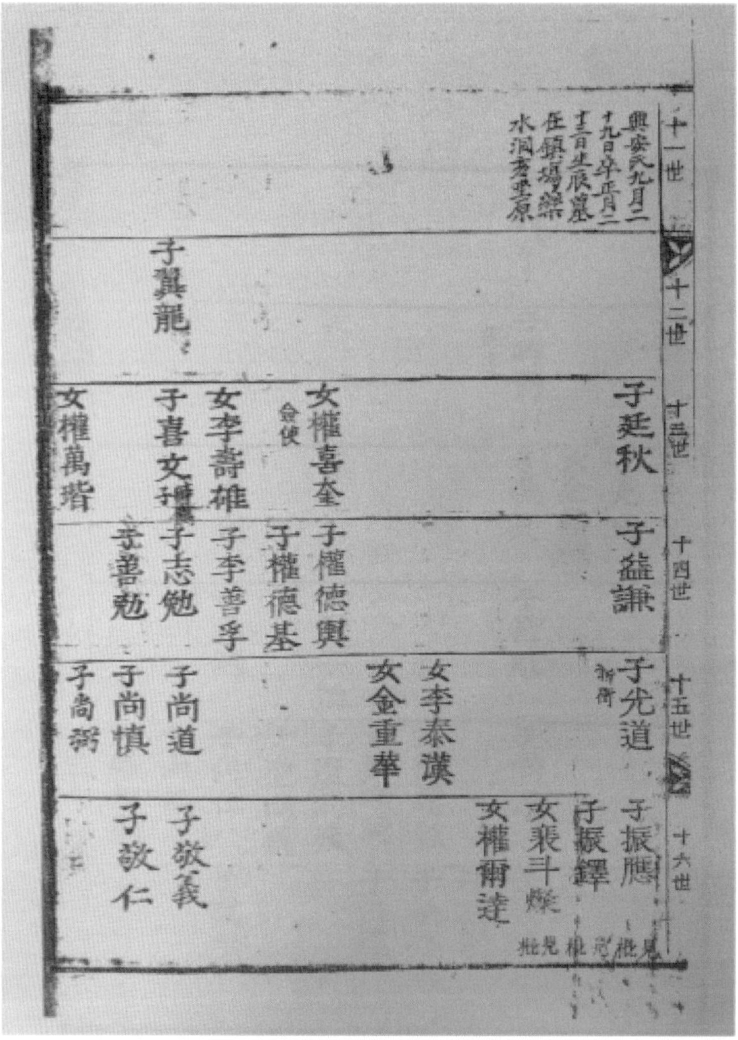

十一世
興安氏九月二十九日卒正月二十二日生辰墓在鎭場樂水洞考坐原

十二世
子翼龍

十三世
子廷秋
女權喜奎 僉使
女李壽雄
子喜文
女權萬瑎

十四世
子益謙
子權德興
子權德基
子李善孚
子志勉
子善勉

十五世
子光道
女李泰漢
女金重華
子尚道
子尚慎
子尚弼

十六世
子振應
子振鐸
女裵斗爍
女權爾達
子敬義
子敬仁

恭

安東金氏別譜 卷之下 四十八

子得良 子得亨

子夢龍 子時儁 進士

子克文 子允文 女金昌輝 子鼎文 子泰文

子思勉 女邊宗翰 子孝勉

子尚孝 女徐達鉉 女洪疇範 子邊尚權 子邊尚楫 子尚仁 子尚義 女權相顯

子敬彝 子敬揆 子徐啓胤 子洪璣 子敬中

十二世

子東僑 將仕郎

子後僑

十三世

子履文

女黃壽墉 生員

女張緯河

子信文

女金晉基

女李昌佐

女姜琬

女權斗文

子弼文

十四世

子克勉

子敬勉

子仁勉

无后

十五世

女金柱宅

子尙振

十六世

抽

安東金氏別譜 卷下 司果 四十九

子宇儁 生員

子應文
子致文
子碩文
女李光澤
女金天錸
女吳壽海
子始文

子德勉
子行勉
子金有濟
子吳相斗
子吳相奎
子吳相赫
子履勉
子復勉

子尚悌
子尚禹
女邊在實
子尚志

子敬熙
子敬儀

十一世

十二世

女李志完

十三世

子在文

女宋泰初

女金若欽

子李元建

十四世

女孫以謨

子百勉

子千勉

女邊在肅

女金聖宅

子宋弘緖

子宋聖緖

子宋守緖

子宋奎緖

子金康濟

子金利濟

十五世

十六世

傺

子得貞

子得宏

女權崑

子震龍

子彦龍

女權廷望

女高振成

女金斗見

女權泰中

子昌龍

女權廷翊

子權慶經

子權處一

子廷最

子權以中

子香九

女姜遇文 生員

子香南

子元從

子權參奎

子權鴻奎

子武景

子秀京

子彦慶

子權完頤

子承立

子五立

子世鵬

子世龍

子浩得

子俊逸

子俊翼

子晉達

見批 見批

見批 見杞 見晥

十六世

女金重堅

子聖運 世建 時和

子汝侁 有宗 昌大

十七世

子金俊成

女金志達

女金擬標

女尹尚聘

女安汝仁

子昌九

子聲九

子宅九

子龍赫

子雲赫

子弼赫

十八世

十九世

益泉 光道
子振應
子振鐸
女裵斗燦
元奕 彦景
子世鵬

子咢九
子鳴九
子百孫
子幸孫
子裵晳巖
子遇榮
子遇泰
子遇秋

子商麟
子台參
子台景
子台壽
子振佑

子敍嵒
子斗嵒
子德寬
子興文

世								
十六世	子世龍	武景 承宗	子俊逸					
十七世	子遇達	子孟傑	子德龍					
十八世	子振綱	子振貴	子得才	子占貴	子星斗	子星昌		
十九世	无后	子龍福	子重詵	子重福	女李東根	女權三得	子重琭	
二十世	子就孫	鼎 子仁童	子就根	子李增益	子就得	子就興		
二十一世								

子丙龍
子銀瀧

子道東
子雲星

子重信
子重得
子得彬
子得順
子得海
女權厚仁

子就鳳
子就甲
女秉仁柱
子就益
子就仁
子就澤
子就元
子權甲柱
子權甲俊

子尚祿
子日祿

(unlabelled top band)
子俊巽

十二世
子華見

十三世
女朴昌甫
女康泰日
女權以倫
女金仁綱
子昌振
女權道秋

十四世
女金興福
子朴皀
子康克賢
子康復賢
子康得賢
子康益賢
女金大正
子福説
子權碩昌
子福德昌
子權命昌

十五世

十六世

晩

子華東
子華碧

女權之重
子昌世
女昌彦
子昌順

子權末生
子權厚大
子億邦
子先太
子壽邦
子信邦
子有邦
子韋邦
女朴時郁

子就德
子就植
子就鍊
子重仁
子克
子朴慶福
子朴就福

子龍麟

十六世

子哲達 [illegible]景 五立

十七世

子任學　子任山

十八世

子昌佑　子觀標　子鷹標　子始標

十九世

女權益新　子庶允邦　子廷玉　子廷三　子廷秀　子廷淵　子廷東　子廷鶴　子廷刑

二十世

子朴文福　子孟澆　子孟得　子孟範　子孟希　子孟文　子流元

翠

安東金氏別譜 卷下 漢軍 五十四

世							
一世							
二世	女權龍範	女洪達春					
三世	子宅標	子世標					
四世	子廷行	子廷化	子廷運	子廷福	子廷普	子廷國	子廷春
五世	子孟龍	子孟一	子孟浩	子孟孫			
六世							